# EL PRODIGIO

ANA MARÍA GODÍNEZ
GUSTAVO HERNÁNDEZ

# El Prodigio

D.R.   © 2008,  Ana María Godínez y Gustavo Hernández
www.elprodigioww.com


Publicado por:         © 2008, Ignius Media Innovation, 2008
                       Luis Lozano 201, Panorama, 37160
                       León, Guanajuato, México
                       +52 (477) 773-0005
                       www.igniusmedia.com


Diseño de Cubierta:     Pablo Vázquez, MyBrand
Diseño de Interiores:   Pablo Vázquez, My Brand
Corrección de Estilo:   Sergio Miranda Bonilla
Fotografía Interior:    © Gustavo Hernández
Fotografía de Portada:  José Agustín Padilla


Primera Edición:    Julio, 2008
ISBN:               978-970-96045-0-4
Registro de Autor:  03-2008-051610302300-01

# Agradecimiento

Agradecemos a todas y cada una de las personas que nos han permitido apoyar a sus organizaciones y juntos haber sido testigos del impacto y utilidad de la Matriz de Valor.

Agradecemos a nuestros colaboradores que con su apoyo, proactividad y eficiencia han permitido que nosotros nos enfocaramos en la materialización de este sueño.

Agradecemos a todos las personas, que se han manifestado como nuestros maestros y guias en nuestra formación y potencialización de nuestras habilidades.

Agradecemos a Chuy, su entrega, lealtad, proactividad e inteligencia en todos los proyectos de Ignius, eres el colaborador clave que cualquier empresa debe de tener.

Agradecemos a la vida el permitir que nos conocieramos, ya que durante 17 años nos ha ayudado a desarrollarnos, crear, y tener una fé mutua, misma que nos ha impulsado cumplir nuestros sueños y trabajar por los venideros.

Agradecemos a nuestros padres, su dedicación, ejemplo, y amor para nosotros, que ha sido fuente de inspiración para lograr nuestras metas.

Agradecemos a Dios, el permitir que vivamos aquí y ahora, despiertos y utilizando cada vez mejor las capacidades que nos dio.

Gracias con todo el corazón.

**Ana María y Gustavo**

# Intención

La intención del Prodigio es clara, compartir las herramientas y despertar la conciencia de millones de personas.

Queremos apoyar incansablemente a que cada vez más organizaciones y empresas del mundo eleven sus niveles de productividad y competitividad, logrando que cada vez más personas, organizaciones, gobiernos y países vivan en abundancía y prosperidad.

Deseamos que a través del uso de la Matriz de Valor, las personas que hoy están en las organizaciones del mundo entero sean cada vez más plenas, felices, productivas y competitivas.

Toda nuestra intención, voluntad y determinación está enfocada en hacer de El Prodigio una realidad y repetir este modelo y experiencias en cada ciudad del planeta, para que día con día la experiencia de ser Humanos, sea más plena y enfocada a desarrollarnos de manera constante.

**Ana María Godínez**
**Gustavo Hernández**

# Índice

*"Dedicado a  las personas que con su intención hicieron posible que estuvieramos presentes, a los que nos han mostrado los caminos, la vida y la magia, y a cada una de las personas que sabe que las cosas pueden suceder y su intención está orientada a conseguirlo"*

**Ana María y Gustavo**

## Capítulo I
## 9:35 a.m., oficina editorial del *New World Times*

**M**i nombre es Vicente. Hoy, como todos los lunes, me preparo para la junta de las diez de la mañana, donde todo el equipo de reporteros y editores nos reunimos para planear los reportajes de la próxima semana en la sección de negocios del periódico.

Son las 9:50 a.m. En el pasillo, rumbo a la sala de juntas, me encuentro con Rodolfo, un buen amigo, reportero conservador y ritualista con más de 15 años de experiencia en el periódico. Esta mañana, como es su costumbre, lleva en su mano derecha el café y una rica dona de maple, y en la izquierda diferentes diarios y revistas de actualidad marcadas con plumones rojo y fluorescente y *post–its* multicolores.

Rodolfo tiene aproximadamente 58 años, aunque aparenta algunos más. Es serio, reservado y enfocado a su empleo. Le gusta trabajar de manera individual, pues no se le da mucho la labor en equipo: digamos que es de las personas que disfrutan su soledad y propia compañía. Casi siempre viste trajes obscuros, en tonalidades de café a gris —yo pienso que son sus favoritos—, complemento óptimo de su personalidad y aspecto.

—¿Qué tal, Vicente? —me dice—. Veo que, como siempre, estás sonriente y optimista, y quisiera saber: ¿hoy por qué?

"Tuvimos un fin de semana cargadísimo de trabajo, de la sesión de planeación salimos realmente tarde y sólo tuvimos el domingo para medio descansar. Me confundes, amigo. Me caes bien, pero no entiendo cómo le haces.

—Bueno, sí, estoy de acuerdo contigo: estuvo pesado el fin de semana. Sin embargo, en esa revisión de planeación tan larga de la que hablas descubrí elementos muy positivos para mi trabajo; al ver las cifras tan bajas de venta de los últimos meses, me di cuenta de que la gente ya está cansada de los artículos amarillistas de siempre, acerca de empresas que son reconocidas sólo por sus escándalos.

—Ay, muchacho, no has cambiado... A la gente le gustan los escándalos, en nuestro país no existe la costumbre de leer sobre temas de competitividad, gestión de calidad o de desarrollo organizacional. Bueno, para no verme tan negativo, digamos que les interesa sólo a muy pocas personas. Evidentemente sigues igual de ingenuo que cuando entraste al periódico, hace poco más de 2 años.

"Recuerdo bien ese día, pues al llegar estabas sentado en la sala de espera, junto a la mesita de las revistas, y me llamó la atención ver a un joven delgado, bien vestido, con esos lentes que te hacían parecer muy intelectual y un poco mayor de lo que eras en ese entonces; por cierto, los lentes que usas ahora ¡están 100 veces mejor! Continuando con mi recuerdo, en ese momento estabas expectante, sonriente, ansioso, te movías de un lado a otro en el sillón...

Las palabras de Rodolfo me llevan a ese día, pero gradualmente dejo de escucharlo y comienzo a recordar mi entusiasmo y pasión de entonces, y pienso que, a pesar de los años, los conservo y sigo acrecentando. Si ya venía entusiasmado hoy al trabajo, ese comentario me hizo el día y me inyectó muchísima energía y determinación para lo que traía en mente.

Entonces, Rodolfo me saca de mis recuerdos: —Muchacho, tienes que cambiar si quieres permanecer más años en esta profesión. Reconozco el optimismo, chispa y creatividad que siempre le imprimes a tus reportajes; veamos si en 15 años, los que tengo en el periódico, sigues igual. El sistema te contagia. Que, ¿aún no has despertado?

—Rodolfo, agradezco tus palabras, pero ya verás que las cosas pueden cambiar. Traigo una súper propuesta y sé que marcará la diferencia. Realmente creo en lo que traigo en mente, y he tomado la decisión de hacerlo y hacer historia.

—Como quieras, mi estimado Chente. Te admiro por tu coraje y ganas de hacer que las cosas cambien. Yo ya hice lo mío, y espero que no sea demasiado tarde cuando te des cuenta de que estás desperdiciando tu energía en cosas que no cambiarán.

Así se va refunfuñado a la reunión. Yo sigo mi camino a la sala de juntas, aún más entusiasmado y con la expectativa de saber venderles mi idea a todos.

—Buenos días a todos —saludo a los presentes al entrar en la sala. Están casi todos, y como ya es costumbre, sólo unos cuantos responden al saludo.

El equipo de reporteros y editores lo conformamos 15 personas, más hombres que mujeres, de edades, personalidades, enfoques, visiones y sueños muy diferentes. Aunque todos pertenecemos a la sección de negocios, debo ser sincero y admitir que no somos un equipo bien integrado, sino un conjunto de individuos aislados que investigan y escriben siguiendo su lógica, estilo e interés personal.

No existe una esencia clara, un estilo definido para la sección. El enfoque es principalmente amarillista: la mayoría de las veces se habla de organizaciones y empresas reconocidas por sus escándalos de evasión fiscal o daño al ambiente, por eludir responsabilidades laborales y sociales, huelgas, etc.

Veo el reloj: son las 10:10. Siguiendo la costumbre del primer lunes de cada mes, empezamos tarde la reunión. Aún no llega nuestro jefe, Ernesto, quien lleva más de 7 años en la editorial; su desempeño dentro de la misma ha sido positivo, a juzgar por el puesto que ha alcanzado a sus 47 años de edad, siendo más joven que muchos de mis compañeros.

A las 10:15 a.m., Ernesto llega volando: —Muy buenos días a todos, disculpen la tardanza, saben lo que me molesta llegar tarde pero, como hoy es primer lunes de mes, tuve reunión con el consejo y directores y, para ser honesto con ustedes, estuvo acalorada y difícil.

Ernesto es una persona muy delgada, casi transparente por su complexión y piel blanca. Usa lentes que concuerdan con su personalidad intelectual; lee mucho, ha viajado y ha sido corresponsal de guerra, lo que en cierta manera lo ha sensibilizado para ser un líder humanista y carismático que, en mi opinión, ha impulsado mi propio crecimiento.

—Esto ya lo veníamos platicando desde el sábado, algunos ya lo veíamos venir —continuó diciendo Ernesto—: las cifras finales del último trimestre son indiscutiblemente alarmantes.

Ernesto deja de hablar cuando Paty, su asistente, trae café, pastitas y agua para todos. Mientras tanto, saca de su portafolio negro su laptop, la enciende y conecta al proyector.

—Bueno, como les iba diciendo, las cifras hablan más que mis palabras —y muestra una gráfica ciertamente perturbadora.

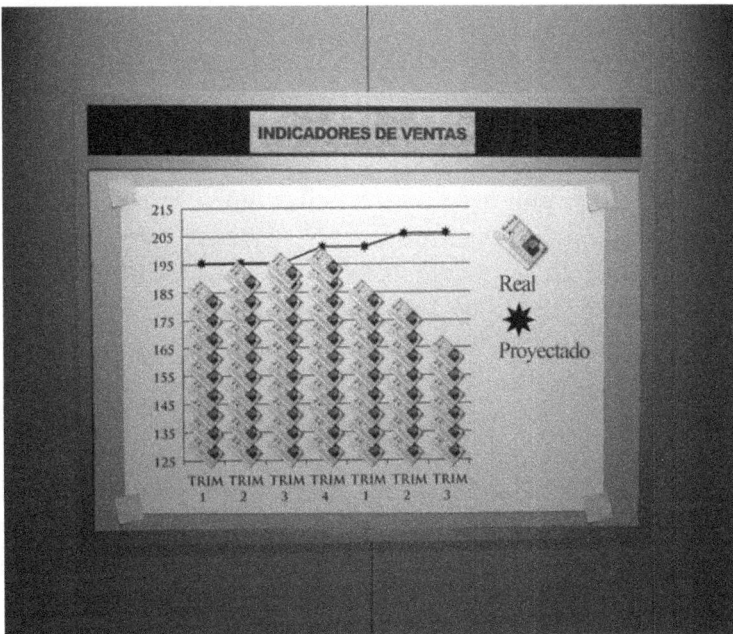

"Las ventas han caído dramáticamente. Parte de esta disminución, de acuerdo con el último estudio del departamento de marketing, es causada por el amarillismo con el que tratamos la sección de negocios: a nuestros clientes ya no les gusta ese tono. Ésta es la información que tengo. Ahora, antes de continuar con lo que debemos corregir y cambiar, me gustaría escucharlos a ustedes: ¿qué opinan de esto?

Se hace un silencio incómodo y prolongado. Como es de esperarse, Rodolfo interviene: —Mira Ernesto, para que las cosas cambien en el periódico, no se requiere de simples encuestitas hechas por muchachitos inexpertos que ni conocen el mercado y mucho menos les gusta la lectura. Para ser honesto contigo, no les creo: leí los ratings de la televisión, y son altos precisamente por el amarillismo con que manejan las notas. Más bien deberíamos de subir el tono amarillista y ver cómo funciona.

Durante la intervención de Rodolfo, Ernesto se mantiene expectante, más pálido que de costumbre, tomando unos pocos sorbos de su oloroso y humeante café. Permite que concluya, y solamente le responde: —Gracias —. Y continúa: —¿Alguien más quiere comentarnos su punto de vista?

Enseguida, Soledad toma la palabra: —Realmente no me sorprenden mucho las cifras y considero que debemos hacer algo urgente y juntos, como equipo, plantear el objetivo claro de mejorarlas. Creo que es momento de mostrar a nuestros lectores lo que podemos investigar y redactar para ellos: que tenemos potencial. Si nos lo proponemos lo haremos, me sumo al esfuerzo de todos.

Sus palabras han incrementado el nivel de energía en la sala, pero no muchos vibraron ni fueron empáticos a ellas. Soledad casi siempre habla en ese tono de "todo es posible"; la reacción de la mayoría es un signo de que ya estamos acostumbrados a sus buenas intenciones y a que luego no pase nada.

La siguiente participación es de Laura, una chica de unos 32 años, bastante optimista, tierna, amigable y diligente, siempre y cuando le digan qué es lo que debe hacer y cómo. Tiene la habilidad de investigar y conseguir cualquier tipo de información. Propone que reunamos la experiencia de todos y generemos una lluvia de ideas para conocer varios puntos de vista. Si bien su comentario tiende a la acción concreta, para ser sincero esto es casi imposible, pues no somos un equipo unido.

Después de la iniciativa de Laura, sentimos otro incómodo silencio. Ernesto pregunta: —¿Alguien más?

Ante la falta de respuesta, levanto mi mano, solicitando la palabra, y digo:

—En la mañana venía al periódico muy pensativo y emocionado, pues desde el sábado, cuando revisamos parte de estas cifras, supe que algo debía cambiar, y esperaba esta reunión con ansias.

Con mucha fuerza y emoción continúo: —Nuestros clientes, los lectores que día a día compran el periódico y leen la sección de negocios para la que todos escribimos, están cansados y no ven interés en nuestra sección. No hablo sólo por la encuesta que hizo marketing, sino porque llevo más de 6 meses estudiando a nuestros clientes.

Al decir esto, las caras de varios compañeros cambian y claramente manifiestan interrogación, sorpresa, incredulidad, molestia. Previsiblemente, Rodolfo dice: —Chente, de veras que ahora sí se te zafó un tornillo. ¿Cómo puedes tú estudiar a los clientes? Tu trabajo es escribir un artículo cada día, y punto. ¿Para qué andas de metiche haciendo cosas que no te corresponden?

Entonces Ernesto lo interrumpe: —Rodolfo permitamos que Vicente termine de expresar su comentario, por favor.

—Bueno, continuando, como dice Rodolfo, puedo ser una persona metiche, metiéndome en cosas que no me corresponden. Sin embargo, cambiando el enfoque, soy una persona que sabe que no sólo está aquí para escribir artículos. Sé que si lo que escribí no le parece interesante a mi cliente final, *el hombre de negocios actual,* y si estas cifras continúan a la baja, no podré escribir más porque no gustaré a mi cliente y por lo tanto el trabajo de muchos de nosotros estaría en riesgo.

Al terminar, noto que capté la atención de muchos de mis compañeros, quienes me piden: —Continúa, ahora sí nos tienes intrigados, ¿cómo le hiciste?

—Ustedes saben que todas las mañanas, de 7:30 a.m. a 8:35 a.m., después de hacer ejercicio, desayuno en un prestigiado restaurante donde se dan cita muchos hombres de negocios.

"Hace aproximadamente seis meses, después de ver la película *Juego de Espías*, yo mismo comencé a creerme un espía —escucho algunas risas de mis compañeros—, y empecé a observar todo a mi alrededor en el restaurante. Me di cuenta de que algo que hacían los ejecutivos a esa hora era leer el periódico. Entonces comenzó todo.

"Cada día cambiaba de mesa y observaba a estas personas. Algo muy común es que cuando llegaban a la sección de negocios, le daban un vistazo muy rápido y sólo leían los encabezados. Si algo les parecía interesante, se detenían; lo más grave era que si no encontraban algo de su interés, pasaban la sección rápidamente.

"Así fueron pasando los días y los meses, y seguía observando el mismo comportamiento. Fui cambiando de sucursales y de restaurantes para ampliar mi estudio en diferentes zonas de la ciudad.

"Finalmente, encontré muy pocas personas que leían la sección completa. Después de las gráficas presentadas hace un rato por Ernesto, concluyo que no existe el mismo gran interés de hace algunos años en nuestros clientes, tal vez por el tono demasiado amarillista y la poca profundidad de nuestros artículos.

"Mi propuesta es cambiar la esencia de la sección por una más actual, dinámica e impactante; que día a día nuestros clientes puedan detenerse a leerla y esperar con ansia el siguiente número, donde puedan documentarse sobre casos de éxito, actuales, inspiradores y que les motiven a ser cada día mejores empresarios, emprendedores y ejecutivos.

Después de concluir mis palabras, Gerardo Rojas levanta la mano y agrega: — Vicente, me sorprendes y me has vendido la idea con la claridad y simplicidad con que la expresaste. Yo veía lo mismo, aunque como editor en jefe nunca fui capaz de expresarlo así. Pero más vale tarde que nunca: sin dudarlo, quiero decirte que me uno a este esfuerzo, y si me permites, me gustaría ser tu editor en estos nuevos artículos.

Al finalizar el comentario del Sr. Rojas, Ernesto toma la palabra y, como es su costumbre antes de hablar, vuelve a lanzar la invitación al resto del equipo para que manifestaran y expresaran sus observaciones.

No hubo mucha respuesta. Entonces, sorpresivamente, Francisco, editor conservador e influyente con una experiencia de más de 25 años en el diario, dice: — Ernesto, después de escuchar hablar a este muchacho, creo que hay mucho por hacer e indiscutiblemente debemos definir juntos el rumbo de este nuevo enfoque, que inspire y cautive a nuestros clientes, y para esto propongo preguntarnos: ¿qué es lo que quiere nuestro cliente actualmente y qué necesitan ellos para ser cada vez más competitivos? Y no simplemente hacer un periódico con un corte determinado sin una secuencia y valor final para nuestros lectores, ¡debemos ser sus aliados, preocupándonos por ellos!

Ernesto agrega: —¿Les parece bien si damos 5 minutos para pensar y escribir en nuestros cuadernos la respuesta a la siguiente pregunta?:

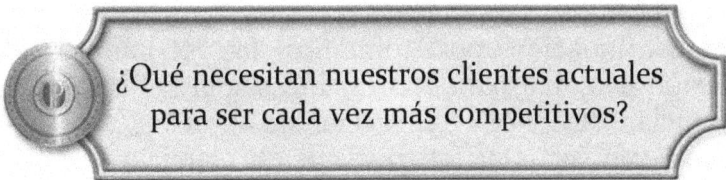

> ¿Qué necesitan nuestros clientes actuales para ser cada vez más competitivos?

Al lanzar la pregunta, Rodolfo levanta la mano: — Ernesto, no entiendo que tiene que ver competitividad con nuestros clientes si no todos son empresarios. Recuerden que un gran número de nuestros lectores son funcionarios de gobierno, estudiantes, personas comunes y corrientes, etcétera. Entiendan que: "la competitividad aplica exclusivamente para empresas"— y termina con molestia su frase.

El Sr. Rojas toma la palabra y, con paciencia y claridad, según su estilo, explica: —Rodolfo, competitividad es una palabra que no sólo aplica a las empresas, sino también al sector gobierno y servicios y, por encima de todo, a cada una de las personas que formamos cierta región. La competitividad está directamente relaciona con el nivel de prosperidad de las naciones, y estarás de acuerdo conmigo en que los sectores de gobierno, educación, servicios, empresas y personas formamos parte de la nación.

—Me queda claro —responde Rodolfo—, no cabe duda que a esta reunión he venido a cambiar algunos de mis paradigmas.

Pese a lo dicho por Rodolfo, noto en su rostro y en su actitud que no está de acuerdo, y conociendo su historia, sé que él hará lo posible por sabotear la propuesta.

—Coincido totalmente contigo, Rodolfo —señala Ernesto—, ver estos indicadores bajos nos moverá de nuestra zona de confort y seguramente muchos tendremos que romper paradigmas, pero creo que es mejor eso y cambiar que seguir igual y con el tiempo desaparecer.

A continuación nos tomamos los 5 minutos de reflexión personal para aportar ideas sobre el cambio en la esencia y dirección de la sección de negocios.

Aquí comparto una fotografía de ese ejercicio.

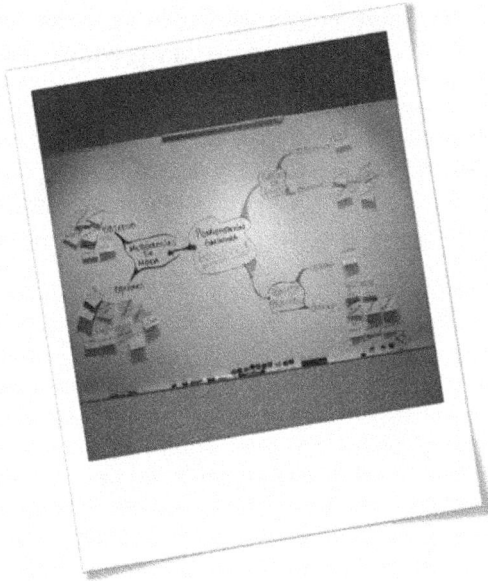

Al terminar, estructuramos las ideas. Las propuestas más repetidas son:

1. Exponer casos actuales de éxito que inspiren a empresarios, directivos y ejecutivos.
2. Guías de consejos prácticos en áreas variadas, pero comunes a las organizaciones en general.
3. Hablar de las metodologías de moda con más triunfos en el mundo, y de cómo éstas han sido implementadas y se han convertido en casos de éxito.

—Me queda un poco más claro el nuevo enfoque y alternativas de líneas de acción que debemos tomar —dice Ernesto al equipo—. Les pido por favor que nos veamos mañana a las 8:00 a.m., ya con propuestas concretas de reportajes y estrategias para hacer realidad esta visión.

"Les agradezco a todos su interés y compromiso. Tenemos un gran reto y mañana definiremos el primer artículo que será el centro y la esencia de la sección de negocios.

Así, una junta programada para 1 hora termina después de 3 horas. Larga, pero muy trascendente, creo yo, por los acuerdos tomados para el nuevo rumbo de la sección, así que me dirijo a mi oficina a plasmar todo en papel.

# Capítulo II
# Inicia la aventura

**A**noche trabajé hasta tarde, redactando mi propuesta de reportaje. Después de tomar mi desayuno en el restaurante de costumbre, me dirijo al periódico, mientras escucho el radio y me entero de algunas cifras impactantes relacionadas con la competitividad de mi país.

De ocupar el 35º lugar en cuanto a competitividad, pasamos al lugar 42º. La nota continúa diciendo que este retroceso es muy grave, pues las empresas de diferentes sectores no tienen idea de cómo incrementar su nivel de competitividad.

Cuando la estación manda a comerciales, se me ocurre una nueva idea. ¿Qué tal si lo que gustara y entusiasmara más a nuestros clientes, fuera encontrar la respuesta sobre cómo elevar la competitividad actual de las empresas y de las organizaciones en general, y por lo tanto de nuestro país? Por mi mente pasan un montón de ideas que ya no tienen nada que ver con la propuesta que elaboré ayer. Faltan sólo 30 minutos para la cita con mi equipo, y ahora lo único que tengo en mente es: ¿debo sustituir la idea que trabajé tanto la noche anterior por algo totalmente distinto?

Realmente, yo no creo en casualidades. El mensaje que escuché en el radio es para mí, no hay duda: debo organizar rápidamente mis pensamientos y reformular mi propuesta.

La estación vuelve de comerciales y me saca de este alboroto mental con una entrevista a un grupo de empresarios y consultores expertos, reconocidos internacionalmente, quienes abrieron la Cumbre de Competitividad Mundial llevada a cabo en Singapur. Ahí aseguraron que si las empresas quieren ser competitivas en un entorno cada vez más global y desafiante deben enfocarse en dos cosas:

1. El constante incremento de la satisfacción de los clientes y
2. La disminución de costos.

Ahora tengo súper clara la idea: debo mostrar a los ejecutivos, empresarios y emprendedores un caso de éxito relacionado con la competitividad. Me resulta evidente lo que el Sr. Rojas mencionó sobre cómo la competitividad está directamente ligada con la prosperidad de un país.

Entonces recuerdo a Jorge, un muy buen amigo de mi época de universidad, al que tengo varios años sin ver. Jorge vivía en una ciudad que ahora viene a mi mente; la última vez que platicamos, me habló de cómo esa metrópoli puso todo su esfuerzo y dedicación para transformarse, impactando positivamente en la calidad de vida de sus habitantes y su capacidad para competir. Lo poco que sé de ese lugar es que todas sus acciones están está relacionadas con:

- competitividad,
- incremento de la satisfacción del cliente, y
- reducción permanente de costos.

Comienzo a sentir que sería muy buena idea visitar esa ciudad. Tomo mi celular y marco. Me responde un buzón, y dejo mi mensaje: "Estimado Jorge, espero que te encuentres de lo mejor. Soy Chente, de la universidad: me interesa hablar contigo de un tema relacionado con la competitividad de la ciudad donde vives. Mi teléfono es 52 (477) 161–3155. Gracias".

Faltando 5 minutos para las 8:00 a.m., llego al periódico. Me siento algo nervioso, emocionado y a la expectativa sobre cómo será tomada mi idea pero, como una vez me dijo un amigo, "vale la pena intentarlo".

A las 8:00 a.m., algo es diferente por primera vez dentro de la sala de juntas. Huele riquísimo: a café, a donas recién hechas. Ya están casi todos los asistentes, de hecho sólo falta Ernesto. Se respira un clima diferente, en las caras de mis compañeros veo alegría, miedos, expectativa, sueños, y yo sigo realmente emocionado, y más nervioso.

Detrás de mí entra Ernesto, radiante, entusiasmado y como si hubiese despertado de un sueño muy positivo. Pienso que así se ven los grandes líderes de guerra antes de empezar una batalla en la que apostarán todo y confían en que algo muy bueno pasará. Saluda a todos, y comienza:

—Como ustedes saben, no hay plazo que no se cumpla. El día de hoy decidiremos y definiremos el primer reportaje que dará un nuevo rumbo a la sección de negocios de este diario. Debo decirles que estoy muy emocionado y confiado de que saldrán cosas muy grandes de aquí, y que cambiarán significativamente nuestra manera de escribir.

"Para tomar en cuenta las ideas de todos nuestros reporteros, primero los escucharemos a todos. Posteriormente, en la hoja dentro del sobrecito que estoy entregando a cada uno de los presentes anotaremos el nombre de la persona cuya propuesta vaya más acorde con el nuevo rumbo y esencia de la sección. Lo que decidamos todos será la propuesta con que iniciaremos.

Mientras Ernesto reparte esos sobres blancos, en la sala se sienten un profundo silencio y emoción. El ambiente es muy positivo y de profesionalismo; en casi todos se nota un interés por la mejora: hemos vuelto a ser aquel equipo al que entré, donde había sueños, pasión, idealismo por contar historias.

—Cada persona deberá comentar el tema a abordar en su reportaje —indica Ernesto—, su objetivo y los recursos necesarios para realizarlo. Comencemos a escuchar las propuestas...

Cuando Ernesto dice "los recursos necesarios para realizarlo" me estremezco. Sé que lo que yo necesito es un vuelo a la ciudad donde vive Jorge, algunos viáticos y listo. El problema es que yo no he contactado a Jorge y no se si aún vive ahí. Si antes estaba nervioso, ahora no se que otra palabra me describe mejor: creo que entré en shock, por el sudor frío en mis manos.

Comienzan las presentaciones. La primera en hablar es Laura, quien con su habitual optimismo comenta: —Mi propuesta es hacer una entrevista en alguna de las 500 mejores empresas del país que hayan ganado el premio anual a la calidad. El objetivo es compartir a través de la sección cómo esta empresa llegó a obtener el premio y cuáles han sido sus beneficios. Los recursos que necesito son contactar la cita, tramitar el boleto de avión y realizar la entrevista.

La idea es interesante, aunque no es algo diferente a lo que ya se hace en algunas de las revistas más prestigiadas del país. Sin embargo, estamos para escuchar las propuestas de todos, y así continuamos con la de la Señora Rubí Corrales. Ella sugiere entrevistar semanalmente a los empresarios más destacados de la región, para compartir sus historias de éxito. Señala que no necesita viáticos ni recursos especiales, porque se trata de empresarios de la región.

Mi celular vibra cuando la Sra. Rubí está terminando su presentación. Se trata de un número desconocido, y no es del área. "Es Jorge", pienso, pero no quiero salir de la reunión e interrumpir o distraer a mis compañeros, así que decido esperar.

En seguida presenta Rodolfo, quien emocionado y sensibilizado a romper los viejos paradigmas del periodismo, expresa: —Mi propuesta consiste en ir a entrevistar a los presidentes de las principales cámaras industriales, como la Cámara de Industria y de Comercio, Cámara de Empresarios Emprendedores y Cámaras de diferentes sectores; el objetivo es que nos comenten la visión, el rumbo y las acciones que cada sector está poniendo en marcha con el fin de ser mejores. Como recursos usaré...

Mi celular vibra de nuevo. Reviso con discreción: el mismo número. Siento un alboroto mental y un conflicto. Falta una persona para mi turno de presentación. Salgo del salón con vergüenza, pero es mi oportunidad.

Marco el número. Recibo un amable saludo:

—Hola, buen día. Jorge, a tus órdenes.

Nervioso y emocionado, contesto: —Jorge, habla Chente. ¡Qué gusto saludarte y hablar de nuevo contigo!, ¿cómo has estado?

—Realmente excelente, ¡qué gusto saber de ti! Me imagino que estás un poco ocupado, ¿en qué te puedo servir?

—Gracias. Te explico: todo este tiempo he seguido con mi pasión por escribir. Ahora trabajo para el Times; tengo la oportunidad de redactar un reportaje sobre un caso real que aporte e inspire a cambiar la realidad de nuestros empresarios, ejecutivos, emprendedores, gobierno. Hoy, mientras venía al periódico, escuché en la radio algo que asocié automáticamente contigo: recordé que hace algunos años me contaste que la ciudad en donde vives estaba en proceso de apostar a ser una comunidad diferente, enfocada en volverse la mejor ciudad en el mundo para vivir. Por eso decidí buscarte.

—Chente, ¡que excelente sincronía! Por supuesto, eres bienvenido para conocer lo que hemos hecho, todos juntos: gobierno, empresas, escuelas y ciudadanos. Ahora yo trabajo para el gobierno, y será un placer apoyarte en esta iniciativa. ¿Cuándo tienes pensado venir para acá?

Con esa invitación siento que ya todo está listo, sin embargo, aún no sé si mi propuesta será la elegida, y respondo: —Yo pienso que esto se dará la semana que entra. Si me permites, planearé todo y hoy mismo te llamo para confirmarte el día. Mil gracias por la oportunidad.

—Chente, no tienes nada de que agradecer. Como diría un buen amigo, el consultor Enrique Canales: nos usaremos mutuamente. A nosotros nos interesa que otras ciudades conozcan, adopten y mejoren nuestro modelo de éxito, y tú eres un excelente medio para ello, así que todo está equilibrado.

Nos despedimos y entro vibrante a la sala de juntas. Mis nervios han disminuido, pero ahora siento fuerza, pasión y energía para vender mi idea a todos. Mi único objetivo es que mi propuesta sea elegida.

Después de que Soledad termina su exposición, solicito mi turno. Y comienzo a hablar. La voz me tiembla de la emoción; les platico cómo la tarde y noche anteriores las había pasado armando una propuesta muy similar a la de mis compañeros, y cómo en la mañana a primera hora, de camino al periódico, ésta ha quedado en el pasado, y que ahora tengo una nueva idea que sé, causará gran interés entre nuestros lectores. Con toda la formalidad y seriedad que me caracteriza, anuncio: —Mi propuesta es hacer un reportaje sobre Ciudad Valor...

Pero no acabo de pronunciar la "r" de "valor" cuando Rodolfo me interrumpe: —¡Por Dios, muchacho! Pensé que ya con lo de ayer había sido suficiente: primero te crees espía, y ahora me vienes a hablar de un lugar que suena como Ciudad Gótica. Por favor, ¿es que todos están dormidos? Debemos ponerle un alto a este lunático.

Cuando termina, el Sr. Rojas le dice: —Rodolfo, te pido por favor que lo escuchemos. Tú y yo sabemos que esa ciudad existe. Que algunos grupos hagan cosas para ocultarla e incluso casi borrarla del mapa es por el interés oscuro de nuestra sociedad y de los estabilistas.

Después de las palabras del Sr. Rojas la sesión se vuelve un relajo: todos hablan al mismo tiempo y se atropellan las palabras: —¿De qué están hablando? ¿Qué es eso de Ciudad Valor? ¿Quién la oculta? ¿Quiénes son los *estabilistas*? Por Dios, ¿qué es lo que pasa aquí?

Ernesto observa en silencio y deja que el desorden continúe. Esto me extraña muchísimo, y como no dice nada y Rodolfo sigue discutiendo con el Sr. Rojas, decido tomar la palabra:

—¡Rodolfo, compañeros! Ciudad Valor existe, yo la conocí hace unos seis años y era una ciudad como ésta, sin embargo, ahora es una ciudad diferente y hace unos minutos acabo de hablar con un muy buen amigo...

—¿Cuál es el nombre de tu amigo? —pregunta de repente Ernesto, quien hasta ahora sólo había permanecido expectante.

—A su debido tiempo todos lo sabrán. Es un buen amigo.

No sé porqué, pero en este momento algo en mi interior me advierte de no revelar eso. Y continúo, exponiendo mi objetivo: "ir a Ciudad Valor, entrevistar a los actores principales de ese cambio y hacer uno o más reportajes, mostrando al mundo cómo esta ciudad logró incrementar los niveles de competitividad de todos, no sólo de unos cuantos".

—Ernesto, considero que ya es suficiente —exclama Rodolfo—. Debemos continuar, faltan aún dos propuestas.

—Totalmente de acuerdo —responde Ernesto—, continuemos por favor con la siguiente.

Realmente me sorprende y molesta la actitud de Ernesto. Únicamente me faltaba mencionar los recursos necesarios, pero son obvios: viáticos, el tiempo para las entrevistas...

Al concluir las dos presentaciones que faltaban, Ernesto toma la palabra: —Muy bien, ahora que hemos escuchado todas las propuestas pasaremos a la votación. Saquen por favor las hojas en blanco de sus sobres.

Cada quien comienza a escribir la propuesta de su elección, cuando abruptamente entra Paty. Ernesto la voltea a ver.

—¡Patricia, te pedí que no interrumpieras! ¿Qué pasa?

Ella se acerca rápidamente y le dice algo en secreto. Ernesto se altera, y lo único que nos dice a todos es: —Tengo que ir de emergencia al consejo. Les pido que terminen la votación, y usted, Sr. Rojas, recoja los sobres sellados. El día de mañana los convocaré para definir el reportaje. Gracias a todos.

Y así, sin más, concluye la sesión. Sin conocer aún la propuesta ganadora, llamo a Jorge y le comento que pronto le comunicaré la fecha de mi viaje a Ciudad Valor. Me responde afirmativamente, y queda en espera de mi llamada.

Regreso a mis actividades normales del día, a terminar los pendientes. Ernesto no ha regresado, y todo en la oficina transcurre como en cualquier martes de la semana.

Al final del día, algunas ideas me inquietan. Durante el alboroto en la junta de la mañana hubo personas que decían no saber de la existencia de Ciudad Valor, pero en todo el día no ha venido nadie a preguntarme algo o hablar al respecto. Pareciera que soy el único que cree en esta ciudad, como si todos estuvieran dormidos.

Esto me intriga. Probablemente si soy un lunático, como me llamó Rodolfo; esto no me parece normal. Ya veremos qué pasa mañana.

## Capítulo III
## Definición de la propuesta

Despierto a las 5:40 a.m., según mi costumbre. Me preparo para iniciar un día normal, empezando con mi ejercicio de 6:00 a 7:30, cuando recibo una llamada del Sr. Rojas en mi teléfono particular. Qué extraño, a esta hora... además, el Sr. Rojas, con quien sólo he tenido una relación reportero–editor.

—Vicente, tu propuesta fue la que obtuvo más votos. Esto es totalmente secreto entre tú y yo. Te pido que, cuando anunciemos el resultado, te sorprendas y no reveles ningún dato sobre quién es tu amigo o con quién te entrevistarás, sólo expón los recursos que necesitas y tu fecha tentativa de viaje. Escúchame bien —enfatiza—, no reveles nada más, es por tu seguridad.

Intento hablar, pero me interrumpe: —Yo trataré de comunicarme contigo, no me busques, sigue con tu plan y te deseo todo el éxito. Cuando te reúnas con el Alcalde coméntale de esta llamada —y cuelga el teléfono.

¿Con cuál alcalde?, ¿a qué se refiere? No entiendo y me quedo verdaderamente intranquilo, pues en la sesión del día de ayer se acordó que los sobres se abrirían hasta el día de hoy, en presencia de todos. Regresa mi caos mental, y decido continuar con mi rutina para mitigarlo.

Me dirijo al gimnasio pero hago menos ejercicio que el habitual, por el tiempo invertido en la llamada.

A las 8:15 a.m. ya me encuentro en el periódico. Al abrir mi bandeja de correo electrónico me encuentro con que el resultado de la elección del reportaje será dado las

12:00 p.m., así que tengo tiempo para terminar trabajo pendiente.

A medio día estoy frente a la puerta de la sala de juntas. Entro y solamente veo a Ernesto. Le pregunto si todo está bien y me contesta que sí, que el día anterior solamente fue llamado para dar a conocer cuál sería el nuevo rumbo de la sección de negocios.

Así, uno a uno van llegando todos los integrantes del equipo. El último es el Sr. Rojas, quien según lo acordado, entrega los sobres a Ernesto. Qué raro: aunque ya conozco el resultado, los sobres no presentan ninguna alteración, están todos cerrados, sin raspaduras o rotos.

Una vez que Ernesto cuenta los sobres, sin decir nada, los abre y agrupa los votos. A la distancia en que yo estoy sólo veo 3 montoncitos. El silencio toma la sala. Después de varios minutos, Ernesto se dirige a todos:

—Bueno, la propuesta de reportaje ganadora es la de Vicente, les pido un fuerte aplauso para él.

No soy muy buen actor que digamos, pero todos creyeron mi gesto de sorpresa. Siento una gran felicidad, pero también una gran intriga.

Después del aplauso, Ernesto toma de nuevo la palabra: —Vicente, pues ahora sí te escuchamos, ¿cuál es tu plan?, ¿con quiénes te reunirás en esa ciudad que dices y cuáles son los recursos que necesitarás?

Echo mi silla hacia atrás, me pongo de pie.

—Primero que nada, muchas gracias a todos por la confianza. Me siento honrado, y ya verán que haré mi mejor esfuerzo para contribuir a mejorar nuestro indicador al sorprender a todos nuestros lectores con el relato que traeré, ese es mi objetivo.

"Los recursos que pido son el boleto de ida y vuelta a Ciudad Valor, y viáticos para hotel, comida y transporte en la ciudad.

—No veo ningún problema por los recursos que solicitas —dice Ernesto—, no son nada diferentes a los de otros reportajes. Confiamos en tu trabajo, sin embargo, no has mencionado con quiénes te reunirás en esa ciudad y cómo llegarás.

Entonces las palabras del Sr. Rojas retumban como un tambor en mi cabeza: —Bueno, veré a diferentes personas en el gobierno y a algunos empresarios. Aún no tengo sus nombres, cuando llegue allá me informaré.

—Pero, ¿no habías comentado que te reunirías con un amigo tuyo? —insiste Ernesto, para quien mi respuesta no fue suficiente

—Ernesto —interviene de súbito el Sr. Rojas—, le acabas de dar toda la confianza al muchacho para el trabajo que realizará. No veo por qué insistir con las preguntas cuando tú mismo sabes, más que nadie, que por razones éticas frecuentemente no se puede revelar el nombre del informante en los reportajes si éste no lo autoriza.

—Gracias, Sr. Rojas, por recordar mi ética —replica Ernesto con una actitud molesta—. Pues entonces no se hable más, esperamos pronto tus noticias, Vicente, y mucha suerte.

Y así termina la reunión. Ya no tengo ningún encuentro con el Sr. Rojas, de acuerdo a su indicación. Decido ir a mi oficina para planear el viaje a Ciudad Valor, fijar la fecha de salida e iniciar el trámite de los viáticos.

De acuerdo a mi agenda, debo hacer el viaje el domingo, para poder iniciar el recorrido y las entrevistas del gran reportaje el lunes, temprano .

Llamo a Jorge y le comunico mis planes. Él no tiene ninguna objeción, sólo me dice: —No te arrepentirás de conocer nuestra ciudad y ya verás que será una experiencia inolvidable para ti y tus lectores —. Sus palabras me entusiasman muchísimo; ya estoy esperando el domingo con ansia, pues sé que cada vez estoy más cerca de conocer el secreto que llevó a toda una ciudad a tener los más altos niveles de competitividad en la historia en un muy poco tiempo.

Los trámites de solicitud de viáticos y boleto de avión, para mi sorpresa, son aún más complejos que la última vez que los hice, sólo 4 meses atrás. Me informo bien sobre el nuevo procedimiento y comienzo a trabajar en los requisitos necesarios.

El reunir todas las autorizaciones, cartas firmadas, y validaciones para el viaje me lleva poco más de un día, pues para que mi cheque se autorice ahora se requiere de 5 firmas, y como las personas que firman y revisan no están simplemente esperando a que yo llegue, debo regresar hasta tres veces a la misma oficina.

Cuando por fin tengo el cheque paso al banco para cambiarlo. Ya tengo una parte, sin embargo, ahora necesito tramitar el boleto de avión, lo cual sigue un procedimiento completamente diferente a la solicitud de efectivo. ¡Qué increíble: si en realidad se trata de un requerimiento muy similar! Lo más grave es que no hace más de un año la solicitud de viáticos, avión y efectivo se realizaban todas ante un mismo dependiente, pero ahora eso es cosa del pasado: las personas responsables comentan que ahora los trámites deben ser así, pues somos una empresa más grande y que requiere de mayor control.

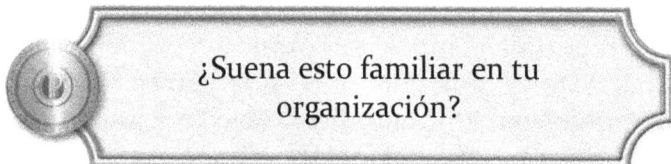

¿Suena esto familiar en tu organización?

Todas esas justificaciones, para mí, no tienen lógica: lo único que sé a partir de ahora es que el proceso es más complejo, con más candados y en más tiempo.

Ya es viernes. Después de toda la aventura para conseguir los recursos, estoy terminando mis pendientes y me dispongo a retirarme a empacar para mi viaje. Me encuentro muy emocionado por ver de nuevo a mi buen amigo y por dedicarme a fondo a hacer el reportaje.

Después de la sesión del miércoles no volví a ver a Ernesto ni al Sr. Rojas. Espero poder saber algo de Rojas pronto, estoy intrigado y tengo mis dudas, en parte por la reacción de Rodolfo. Tampoco lo volví a ver después de esa reunión; de hecho, no ha venido a trabajar y realmente es muy extraño, pues mi relación con él había sido muy cordial hasta el día en que me llamó lunático.

## Capítulo IV
## El viaje a Ciudad Valor

**P**or fin es domingo. Para cumplir los lineamientos de la aerolínea, me he levantado a las 4:00 a.m., mi avión sale a las 7:30 a.m., por lo que debo de estar llegando al aeropuerto a las 5:30 a.m.

En el trayecto al aeropuerto siento nervios y dudas, ya que no volví a tener comunicación con el Sr. Rojas, ni con Ernesto, sin embargo, siento que es más fuerte el reto de descubrir lo que realmente pasa con Ciudad Valor y por qué tanto misterio.

Ninguno de los reporteros o editores del periódico volvieron a mencionar el tema. Pareciera como si de repente hubiesen despertado o escuchado algo que sabían importante, pero luego, como por arte de magia, todo comentario relacionado con la ciudad cesó.

El taxista me dice que me tendrá que dejar por la puerta A del aeropuerto debido a sus medidas de seguridad y a una disposición oficial. Sin embargo, yo le replico que mi salida es por la puerta C.

—Mire joven —insiste—, a partir de lo del 11 de septiembre las cosas cambiaron mucho, y ahora todo esto es por seguridad y bien de los pasajeros. No hay forma de librar esta revisión.

Veo que tiene razón. Yo debo de estar en Ciudad Valor por la tarde, y si es necesario pasar por todo esto, debe valer la pena, así que sin más le pago y agradezco su servicio.

Al entrar por la puerta A me doy cuenta por qué la aerolínea cita a los pasajeros 2 horas antes de su vuelo. La fila es enorme, y calculo que me va a llevar poco más de 1 hora.

Esperando en la fila observo familias y personas que van de vacaciones, por lo que traen al menos 4 o 5 maletas. Somos pocos los que llevamos únicamente una pequeña maleta de viaje. Trato de encontrar con la vista alguna fila que sólo revise a las personas con poco equipaje, pero en vano.

Después de más de 1 hora llego a revisión. Me piden que abra mi maleta, y sin más comentario que "pásele a la siguiente fila", cierro mi maleta, y a seguir esperando.

Son las 6:35 a.m. cuando por fin llego al mostrador. La señorita me saluda amablemente y con cara de sorpresa me dice: —¡No me diga que va a Ciudad Valor! —. Por su entusiasmo juraría que ha estado ahí, pues desde que tuve la idea del viaje no había presenciado semejante reacción.

Le respondo que sí, que soy reportero y voy a hacer un reportaje sobre la ciudad. Apenas la señorita iba a comentarme el por qué de su entusiasmo, llega su supervisor y le ordena: —Por favor, ve a ayudar al otro mostrador, yo atiendo al joven —. La señorita, apenada, se despide: —Disfrute mucho el lugar, y le deseo todo el éxito, Ciudad Va...

—¿Por qué hablas tanto? ¡Qué, no entiendes?—la interrumpe el supervisor.

Intento recibir alguna explicación del supervisor, pero pregunto en vano; sólo responde: —Abordará usted por la puerta 24C a las 7:00 a.m., le adjunto el pase para su conexión con el avión que lo llevará a su ciudad de destino.

Respondo simplemente "gracias", y me retiro.

En la puerta 24C todo era normal, como en cualquier vuelo, sin embargo, la reacción del supervisor y la actitud de sorpresa de la señorita se habían sumado a la intriga y dudas que traía al respecto. Pero dan las 7:00 a.m., y comenzamos a abordar el avión, y como me levanté muy temprano, me quedo profundamente dormido sabiendo que tengo algunas horas de vuelo por delante.

Despierto cuando el piloto está anunciando el descenso del avión. Tomo una revista del asiento delantero y comienzo a leer, preparándome para el aterrizaje.

Después de unos minutos aterrizamos y rápidamente bajo del avión, pues tengo sólo 40 minutos para mi conexión. Me dirijo a la sala D del aeropuerto, puerta 1, como lo indica mi pase de abordar. Al llegar tengo mi primera sorpresa: no hay nadie para abordar ese avión.

Faltan como 20 minutos para que el avión despegue. Me sobresalto: ¡he perdido el avión a Ciudad Valor! No entiendo con claridad qué ha pasado.

Son unos minutos de observar y darme cuenta de que en la pantalla de la sala aún aparece anunciado el vuelo, aunque no hay nadie para abordar. Me dirijo a una asistente del aeropuerto y le pregunto sobre ello.

—Buen día, señor. Mire, lo que pasa es que la aerolínea que maneja el vuelo a Ciudad Valor es propia de esa ciudad, y ellos usan otros lineamientos que yo desconozco. Vea la pantalla: dice que aún están abordando.

Justo en este momento llega otra señorita que se dirige a mí: —Buen día, mi nombre es Brenda, y para mí es un gusto atenderle. Permítame, lo llevaré al avión para que se instale —. Agradezco a la asistente del aeropuerto, y en su rostro noto ciertas actitudes que no puedo interpretar, es demasiado rápido todo.

—¿Me permite su pase de abordar? —pide Brenda amablemente.

—Con gusto—. Para sorpresa mía, no revisa nada en el. Sólo leyó mi nombre. Otras aerolíneas checan más cosas: pasaporte, pase de abordar, datos en pantalla, etc.

—Sr. Vicente, para Value Airlines es un placer atenderle. Le pido me disculpe por mi ausencia cuando usted llegó al mostrador, no volverá a pasar.

El comentario de Brenda me deja completamente atónito: ¡me pide disculpas por no haber estado en el momento que debía de estar! Algo extraño pasa. También me desea que mi viaje a Ciudad Valor sea toda una experiencia y que lo disfrute al máximo.

Al entrar al avión, Brenda me deja con un joven que se presenta como Alberto y quien, al igual que Brenda, me da la bienvenida de manera consistente y estandarizada, me acompaña hasta mi lugar y me pregunta qué tipo de revista me gustan. Le menciono algunas, y en unos momentos tengo ante mí 4 ó 5 revistas de temas similares.

Estoy sorprendido y expectante por el servicio. Comienzo a observar todos los detalles: parece que están atendiendo personas de otro planeta, la consideración es sincera y con un interés de servicio al cliente que jamás en mi vida he visto.

Incluso el vuelo, comparado con el que tomé hace unas horas, no tiene nada que ver con éste. El avión es similar, es cierto, pero con algunas modificaciones o adaptaciones extrañas, por ejemplo: los pasillos son un poco más amplios, hay unos pocos menos lugares, pues los asientos son más amplios y con más espacio para las piernas que en el anterior. Esto es lo que yo percibo a simple vista, y lo más sorprendente de todo es que sólo Alberto atiende el vuelo, a diferencia de mi vuelo previo, en el que trabajaban 4 ó 5 aeromozas.

La entrada de los pasajeros es gradual, como si esta diferencia de minutos le permitiera a Alberto dar la atención personalizada a cada uno de los pasajeros. Extraño, muy extraño: típicamente, a las aerolíneas les interesa abarrotar sus aviones, no importando que el pasajero sufra la peor experiencia de vuelo. Aquí simplemente se está haciendo lo opuesto, y a juzgar por los detalles del avión no dudo que estén haciendo muy buen negocio.

Uno a uno fueron llegando los pasajeros. Somos aproximadamente ochenta y cinco, ya todos cómodamente instalados, y Alberto termina de atender a los últimos.

A mi lado viaja un señor de aproximadamente 58 años. Es una persona de tez clara, usa lentes que hacen resaltar sus ojos expresivos, su cabello es blanco. Muy sonriente y amable, se dirige a mí y se presenta:

—Hola, muy buenos días, mi nombre es Ken. ¿Tu nombre es..?

Aún aturdido por todo lo que he pasado desde el momento de abordar el avión, respondo: —Hola, mucho gusto, mi nombre es Vicente, soy reportero y me dirijo a Ciudad Valor, ¿y usted?

—Bueno, yo vengo de unas vacaciones en Sant Mary´s, un bello lugar en Canadá. Voy a Ciudad Valor por cuestiones de trabajo.

—Excelente, yo estoy muy expectante por conocerla. Por lo que he visto desde que abordé el avión, es una ciudad diferente, me intriga, y eso que casi no sé nada de ella.

—Pues sí que es apasionante visitar la ciudad y conocer el éxito que han tenido y seguirán teniendo gracias a la visión y al trabajo en equipo de todos los ciudadanos.

—¿Cuál crees que haya sido el detonante para que Ciudad Valor marcase la diferencia respecto a otras ciudades? —pregunto, sintiéndome ya en confianza.

En eso, la voz fuerte y entusiasta del capitán interrumpe nuestra charla. Da la bienvenida y nos informa que el vuelo durará aproximadamente 3 horas y media, y que durante el mismo podremos disfrutar de una rica comida y vinos finos de mesa que asegurarán un maridaje perfecto.

Debo confesar que la bienvenida y el relato de los alimentos y bebidas abren mi apetito, que suma más dudas a mi alboroto mental. ¿Qué está pasando con esta aerolínea: qué, no cuida sus gastos? ¿Por qué ofrecer platillos tan suculentos y vinos finos en un vuelo común de 3 horas?

La conversación pendiente con mi nuevo amigo deja para después estas dudas. Ken me responde:

—Mira, Vicente, lo que pasó es que Ciudad Valor utilizó la Matriz de Valor para lograr estos cambios y generar una visión a largo plazo.

—¿La qué? ¿"Matriz de Valor"? No sé que es eso, Ken —digo con suma naturalidad, pues es muy agradable platicar con este señor.

Amablemente y con tono paciente, Ken me aconseja: —No corras, muchacho. Espera primero a disponer del contexto correcto y ya verás que, una vez que llegues a la ciudad, empezarás poco a poco a entender las cosas.

Yo había oído antes la palabra "contexto", pero no con el nivel de responsabilidad con la que la pronuncia Ken, por lo que pregunto: —¿A qué te refieres con que debo disponer del contexto correcto?

—Ah, mira, te lo explicaré muy sencillamente. Para comprender mejor todo lo que ha hecho Ciudad Valor, debes ampliar poco a poco tu contexto. Es decir, ahora tu contexto, tu referente, es el de una ciudad que tiene muchos problemas, donde hay poca probabilidad de que las cosas cambien. Si yo comienzo a explicarte cómo ha hecho Ciudad Valor para cambiar, muchas cosas no serán claras para ti, pues careces del contexto correcto, ¿estoy siendo claro?

—Un poco, la verdad. Puedes seguir...

—Con gusto. Entonces, una vez que llegues a Ciudad Valor, en los recorridos que probablemente harás, poco a poco te irán explicando la Matriz de Valor, y con la experiencia y las explicaciones poco a poco tu contexto se ampliará.

—Ya te entiendo. Ahora me siento muy confundido por lo que he vivido en las primeras horas; es un cambio contrastante para mí, tengo dudas, inquietudes, quiero saber todo. Pero con tus palabras me queda claro que debo ser paciente y poco a poco ir recibiendo el contenido, para que ya dentro de un contexto más amplio pueda entender todo perfectamente.

—Exactamente. Mira, Vicente, ya viene la comida.

Ésta es toda una experiencia. Alberto solo nos atiende a los ochenta y cinco pasajeros, y en su carrito, también modificado, trae todo: la comida, las bebidas, los postres, todo: ¡es increíble!

—¿Por qué este principio tan simple no puede ser aplicado en todas las aerolíneas? —pregunto excitado y ansioso a Ken.

—Vicente, porque las aerolíneas siguen viviendo en un contexto anterior; no tienen el contexto y el contenido, es decir, la metodología para pensar, actuar y cambiar las cosas —especifica Ken pacientemente.

—Ah, tú y tu contexto... Pero para que veas, ya lo voy entendiendo. Viendo este carrito me parece muy simple, pero no tengo ni idea de cómo llegaron a las modificaciones o a deducir que una sola persona es suficiente para atender un vuelo de casi 100 pasajeros.

Ken solamente asiente con su cabeza, y comenzamos a disfrutar esta delicia de comida y vinos. Es realmente delicioso.

Ya cuando estamos disfrutando el postre y un expreso como los mejores de Europa, me dirijo de nuevo a Ken:

—No te preguntaré más sobre la Matriz de Valor, pero ojalá que sí me puedas contestar: ¿qué pasa con esta aerolínea que no cuida sus gastos? ¿Por qué ofrecer ricos platillos y vinos finos de mesa en un vuelo normal, comercial?

Ken sonríe: —¡Ay, Vicente! De verdad que eres tenaz... A ver, no siendo experto en el tema, puedo decirte que Value Airlines, es una compañía orientada hacia las necesidades individuales de sus clientes.

—¿Me estás tomando el pelo o qué? —replico, asombrado—. Todas las compañías conocen la importancia del cliente, ¿por qué esta aerolínea sería la excepción?

—Bueno, tú mismo lo has dicho, saben que el cliente es lo más importante, pero del dicho al hecho hay un gran trecho. Value Airlines vive y continuamente está recordando esto a sus colaboradores, ya que no sólo se enfoca en las necesidades de sus clientes finales, sino en esto también, en lo que es hacia adentro, entre clientes internos.

—¡Ah! Ahora me queda más claro, no del todo, pero seguramente me está faltando contexto, como dices: cuando llegue a Ciudad Valor seguro asimilaré todo esto.

—Sí Vicente, detrás de todo lo que ha hecho Ciudad Valor existe una lógica y una metodología que la ha llevado hasta donde está. No ha sido fácil, se han presentando muchos obstáculos en el camino, pero después de seis años se ha logrado.

Y en cuanto escucho estas palabras, siento que es mi oportunidad para aclarar una duda que tengo desde hace algunos unos días.

—A ver, Ken, hablas del tiempo que Ciudad Valor invirtió en esta nueva mentalidad, del enfoque 100% en las necesidades de los clientes interno y externo y de la

Matriz de Valor. Dices que no fue fácil, hablas de obstáculos: ¿te refieres a los estabilistas?

—Ahora sí que yo soy el sorprendido, ¿qué sabes de los estabilistas?

—La verdad nada, sólo el término, lo escuché antes de venir para acá.

—Bueno, creo que este sí es el momento de contestar esta pregunta con lo que yo sé. Los estabilistas fueron y son las personas que continuamente han intentado sabotear los esfuerzos por aplicar la Matriz de Valor y otras iniciativas de prosperidad mundial.

—Entonces, ¿los estabilistas existen? Yo pensé que era alguna corriente teórica del pasado, de la época de los griegos.

—No, no, Vicente, son personas como tú y como yo que aún no entienden la importancia de que en el país, en las ciudades, en las empresas, hospitales, etc., todos aportamos y contribuyamos con actividades de Valor Agregado.

—¿Valor qué..?

—Valor Agregado. En todos los ámbitos de nuestra vida y trabajo existen actividades que sólo son desperdicios o mudas, y éstos no agregan valor.

—A ver, dímelo más despacio, ¿desperdicio o mudas?

—Te repito, necesitas ir poco a poco con esto de la Matriz de Valor, pero para comenzar a ampliar tu contexto te diré que existen 8 tipos de desperdicio. Los desperdicios son problemas que consumen el tiempo, dinero, esfuerzo y recursos de las personas y empresas, están presentes en todas nuestras actividades diarias.

> Valor Agregado se refiere a las actividades que expresamente transforman los productos o servicios.

"Conforme vayas entendiendo la metodología podrás ver que más del 90% del tiempo de las actividades son desperdicios que no transforman los productos o servicios.

Entonces se escucha la voz del capitán que anuncia que nos preparamos para el descenso. Su voz sigue firme y animosa después de algunas horas de vuelo.

—Vicente —dice Ken—, necesito tiempo para relajarme para el aterrizaje. Termino de responderte: Valor Agregado es el concepto clave del éxito de Ciudad Valor.

Y como me pide unos minutos, no insisto más.

Finalmente el avión aterriza, intercambio mi tarjeta con Ken y guardo su tarjeta en mi billetera. Nos despedimos, agradeciéndole compartir conmigo la información y compañía durante el viaje. Con toda naturalidad y amabilidad me dice que queda a mis órdenes y que no dude en llamarle.

Así concluye el principio de una de las experiencias más enriquecedoras de mi vida.

## Capítulo V
## El trayecto del aeropuerto a Ciudad Valor

**D**esde que bajo del avión y entro al túnel que me conduce a la sala para recoger mi maleta me sorprendo: no hay gente amontonada, ni las típicas filas de espera de los aeropuertos. Todo fluye como agua en un arroyo.

Verifico en mi boleta cuál es la rampa para recoger mi maleta y veo que es la número 5, así que llego rápidamente y ¡sorpresa!: mi maleta está ya esperándome. ¿Cómo es esto posible? Lo normal es bajar del avión, llegar a la rampa, esperar un tiempo razonable y después llega la maleta.

Pero aquí es todo lo contrario. Cuando trato de encontrar explicaciones, en mi cabeza resuenan las palabras de Ken: "espera a tener el contexto correcto, si no, no vas a entender lo que está pasando". Es algo extraño y fuera de la realidad que siempre he vivido, sin embargo, la personalidad de Ken me ha impactado, y sé que no estaba jugando conmigo: lo del contexto lo dijo con toda seriedad.

Así que, sin más, tomo mi maleta y camino para tomar un taxi hacia el hotel. En las paredes junto a las que paso encuentro cuadros como pizarrones con algunos indicadores, tendencias, imágenes de la aerolínea, fotografías de antes y después... información que, según mis paradigmas, es confidencial.

Sigo avanzando mientras toda esta información se revela frente a mí. ¿Por qué esta aerolínea querría que sus clientes vieran tanta información?

De nuevo en mi cabeza las palabras de Ken...

Me apresuro para tomar el taxi. Al llegar a la puerta espero ver la típica caseta con señoritas preguntando hacia donde me dirijo, pero no aquí: no están estas señoritas, la puerta simplemente se abre y me topo con un taxista.

—Muy buenos días, joven, mi nombre es José, será para mí un placer atenderle. ¿Su nombre cuál es?

—Hola buen día, mi nombre es Vicente y voy al hotel principal de la ciudad —respondo sorprendido, para no variar.

—Con gusto, ¿cómo estuvo su vuelo?

—Si quieres que te diga la verdad, muy raro. Te puedo decir que todo perfecto, no hubo problemas o disgustos como muchas veces sucede en los viajes: que no llega tu maleta, o que ya se perdió; es decir, no tuve contratiempos. Todo salió perfecto y eficientemente. Sin embargo, como pasajero no estoy acostumbrado a que todo salga perfecto.

—Me alegra, todos los sistemas están diseñados para que desde que ingresa a la aerolínea todo sea perfecto y como está indicado.

—Sí, pero pareciera que estoy en otro planeta, en el que las cosas salen a la primera y en el tiempo correcto. Eso no es normal en mi ciudad.

—Ah, bueno, eso es cierto: aquí, que las cosas salgan así, como usted dice, es gracias a que todos entendemos, comprendemos y operamos la Matriz de Valor.

—¡Ándale, José! —ya empezó de nuevo esa famosa matriz—. ¿De qué se trata, por qué todo el mundo habla de ella? ¿Quién la hizo, con qué se come?

—Bueno, eso es una larga historia, y lo que le puedo asegurar es que la aplicación de la Matriz de Valor la entendemos todos y ha cambiado por completo nuestras vidas.

—Ok., no entiendo porque tanto misterio con esa Matriz de Valor, pero debe ser porque no estoy en el contexto correcto, ¿verdad?

—Exactamente— respondió José, y sin más seguimos avanzando.

Para mi asombro, conforme nos vamos acercando a la ciudad ésta parece como una maqueta. Todo está en orden, el tráfico fluye , la autopista por la que vamos es de la mejor calidad, no tiene reparaciones, todos los conductores respetan el límite de velocidad.

—Oye, José, ¿aquí no hay policía de tránsito? ¿O por qué todos van respetando los límites?

—Ah, pues esto es porque, después de un análisis que se hizo, se determinó que las multas fueran tres veces más altas. Ya no necesitamos que alguien esté supervisándonos: ahora como ciudadanos conocemos el impacto de una multa en nuestros bolsillos y cómo no respetar los límites de velocidad afecta a todos.

—Ok., pero ¿por qué no hay oficiales o policías de tránsito monitoreando que se cumplan los límites de velocidad?

—Pues porque después del análisis que le platico se encontró que el trabajo de los tránsitos era solamente un desperdicio. Su trabajo era una verificación por falta de confianza en el sistema. Cuando la ciudadanía es responsable y entiende, ya no requiere de personas que la estén vigilando. Mire, por ejemplo eso de ahí —señala José—. Son cámaras que controlan los límites de velocidad y que han sustituido a los tránsitos. Si alguien sobrepasa los límites de velocidad automáticamente el sistema central registra la falta, y todo se procesa de forma automática. Además, constantemente se están moviendo las cámaras, por lo que es mejor respetar los señalamientos.

—Vaya... pero entonces, ¿cuándo pagas tus multas?

—Muy sencillo: todo se registra en la Clave Única de Ciudadano. Cuando vamos a renovar la licencia o a hacer un trámite relacionado con el vehículo aparecen todos estos registros. Si no hemos liquidado esas multas, en ese momento es cuando las pagamos.

—Oye, pero entonces, ¿qué pasó con todos los tránsitos desempleados?

—¿Desempleados? No, no, de ninguna manera. Ellos ahora se encuentran desarrollando soluciones más avanzadas para tener un sistema cada vez más eficiente, en lugar de pasarse ocho horas haciendo trámites de multas, como lo hacían antes.

—Entiendo. Ahora ustedes tienen un sistema 100% confiable, como en otros países de primer mundo, ¿verdad?

—Sí, así es. Otro cambio que se implementó es que ahora los tránsitos y la policía son uno solo, sus funciones están definidas y todos los ciudadanos las conocemos.

—Vaya... de verdad que estoy entrando a otro planeta u otra cultura.

—Más bien a otra cultura, Vicente. Ahora, como ve, la ciudad es el resultado de la colaboración de todos: hace unos años era como cualquier otra.

—Sí, tienes toda la razón, hace como seis años vine y no era más que otra ciudad típica.

—Sí, ahora vemos la diferencia gracias al esfuerzo de gobierno, ciudadanos, empresas, instituciones públicas y privadas. Todo empezó cuando el gobierno hizo un replanteamiento de sus estrategias.

Conforme va avanzando la conversación, comienzo a tranquilizarme y simplemente me limito a escuchar, pues ya llegará el momento de comenzar con mi trabajo, y eso será hasta el día siguiente, así que le pregunto qué fue lo que hizo que las cosas cambiaran, desde su punto de vista.

—Bueno —dice José—, fue todo un proceso. Desde mi punto de vista, el primer gran acierto del gobierno fue clarificar la estrategia y posteriormente desplegarla a todos los ciudadanos. Después de este despliegue, todos los esfuerzos de las empresas, escuelas, servicios y gobierno están alineados, y continuamente se nos está monitoreando e informando a todos de los avances y progresos.

—Ok., voy entendiendo. Oye, ¿y ese camioncito colorido que es?

—Es el Tour a Ciudad Valor. Usted puede tomarlo y en unas horas conocer cómo está organizada nuestra ciudad bajo el principio de flujo continuo.

—Espero tener tiempo para tomarlo, pues estoy realmente intrigado: no veo la ciudad organizada como las que yo conozco, es completamente diferente.

"Por ejemplo, no veo anuncios espectaculares, sino más bien espacios utilizados para educación. ¿Tienen una campaña sobre valores?

—Lo que sucede es que, como resultado de las revisiones estratégicas de este año, una acción a ejecutarse fue el despliegue de los valores de la ciudad, ya unificados.

Seguimos platicando acerca de las diferencias que encuentro en la ciudad. El tema, más que intrigarme, me va atrapando cada vez más. Disfruto enormemente la plática con José, quien finalmente me dice:

—Estamos por llegar al hotel. Fue un placer atenderle, que tenga un excelente día.

—Mil gracias, José, fue muy enriquecedor para mí conocer, desde tu punto de vista, las mejoras de la ciudad.

Y así, faltando 15 minutos para las 10:00 p.m., llego a las puertas del hotel principal de la ciudad, en la zona céntrica. Me siento un poco cansado por el viaje, sin embargo, me encuentro atento y expectante de encontrar diferencias significativas, en comparación con los hoteles de otras ciudades. Doy el primer paso, hacia la alfombra del hotel.

## Capítulo VI
## El hotel

La entrada es bastante amplia y lujosa. Banderas de diferentes países ondean en la fachada. El hotel es bastante grande, totalmente remodelado en comparación con aquel viejo edificio que yo visité 6 años antes.

El lobby es un lugar muy cálido, que invita a sentarse y pasar largas horas conversando con algún amigo. Al centro se encuentra un ramo enorme, con flores muy hermosas y exóticas que, en combinación con el follaje, lo hacen lucir bello y llamativo.

Las diferentes salas lucen colores café, rojo, mostaza y blanco, que le agregan un toque de calidez y elegancia pocas veces visto. Los diseños son realmente novedosos sin descuidar la ergonomía para los usuarios.

A la izquierda se encuentra la recepción, con sus diferentes relojes anunciando la hora actual en varios lugares del mundo. En el mostrador, del lado derecho, hay otro hermoso ramo, un poco más pequeño que el de la entrada, pero igual de bello e imponente, a la izquierda un frutero con frutas de la temporada perfectamente lavadas, para obsequio de los huéspedes.

Algo que me sorprende es que en todo mi recorrido no encuentro un abarrotamiento de botones, lo que es raro tomando en cuenta la categoría del hotel. Si hasta ahora todo ha sido atenciones y servicios, ¿por qué no aparece un botones, que se supone debería estar dispuesto en el lobby?

Me presento en la recepción. Un apuesto joven, en cuyo gafete se lee "Adrián", me saluda y me da la bienvenida al hotel. Siguiendo el modo usual, solicita mi nombre y mi tarjeta de crédito. El procedimiento es bastante rápido, por lo que no tengo mucha oportunidad de platicar con él.

Al terminar de deslizar la tarjeta me entrega mi llave:
—Estimado Sr. Vicente, su habitación está lista. Ricardo lo acompañará a su habitación. Que disfrute su estancia con nosotros. Cualquier duda, estamos a sus órdenes.

—Qué diferente está el hotel. Hacía como seis años que no venía, y ahora lo veo más funcional —le comento a Ricardo rumbo al elevador.

—Sí, exactamente. Ha sido un trabajo constante, cada vez más nosotros vemos los resultados y confirmamos que nuestros clientes lo notan, como usted.

"¿Nos visita de placer o de negocios?

—Bueno, yo diría de negocios. Trabajo para un periódico, y mi objetivo aquí es plasmar en un reportaje cómo ha sido el proceso de cambio en tu ciudad.

—Me alegra que personas como ustedes aporten y colaboren con el esfuerzo que hemos hecho. Las cosas han cambiado mucho, y entre más se difunda, cada vez más ciudades harán lo mismo. ¡Excelente!

Para ser sincero, nunca he tenido una conversación tan interesante con un botones. Quizá son mis paradigmas, pero no entiendo cómo empleados de ese nivel tienen esa claridad y cantidad de información. En otras ciudades no pasa lo mismo, así que no resisto la tentación y pregunto:

—Oye, Ricardo, todo esto que me platicas es interesante, sin embargo, ¿cómo este cambio ha influido en tu actividad como botones del hotel?

Sorprendido, me contesta: —Empezando por eso, Sr. Vicente: yo no soy botones, soy su anfitrión. Uno de mis cometidos es asegurar desde el inicio la mejor experiencia en su estancia con nosotros.

"Listo, hemos llegado a su habitación. Como puede ver, todo está en perfectas condiciones. Sea de nuevo bienvenido y que disfrute su estancia.

Al entrar en mi habitación noto que es un cuarto muy sencillo, sólo con una cama y sin escritorio, y para desempeñar mi trabajo éste es sumamente importante. Así que por fin he encontrado algo no tan maravilloso...

—Ricardo, se ha cometido un grave error, ésta no es la habitación que solicité —replico, haciendo un gran drama.

—Disculpe, Sr., ¿cuáles son sus requerimientos? En este momento veré la manera de corregir el error.

Por mi cabeza pasan todas las frases inadecuadas que en momentos como éste se suelen decir, pero como Ricardo se ha comportado muy bien conmigo, simplemente le digo:

—Lo que pasa es que solicité una habitación con cama matrimonial, sala de estar y escritorio.

—Muy bien, se refiere usted a una suite jr.

—Sí —respondo molesto.

—Permítame un instante—. Se aleja a la salida de la habitación, y lo único que alcanzo a ver es que desde su radio se comunica a la recepción, cerrando muy discretamente la puerta.

De inmediato abre la puerta y regresa:

—Realmente lamento el incidente. Sé que viene agotado por el viaje, disculpe. En estos momentos lo llevaré a su habitación.

Me siento raro, esto no es normal. Cuando pasa algo similar hay que bajar a la recepción, explicar y aclarar el punto. Después, quien atiende el mostrador pide autorización a alguien más, por ejemplo el supervisor, y después de descubrir de quién fue el error la recepción entrega la nueva llave y el huésped se va solo a su cuarto. Pero aquí algo no cuadra.

Ricardo interrumpe mis pensamientos:

—Si le parece bien, lo llevaré a la habitación 345, para no cambiarlo de piso —. Toma mi maleta y comenzamos a caminar.

Es demasiado para mí.

—Oye, Ricardo, ¿por qué tienes tú el poder de solucionar el problema de inmediato? Generalmente lo normal es que debemos de bajar a la recepción y...

—Lo que sucede es que un principio de Ciudad Valor es el *empowerment* o facultamiento de las personas que estamos en la primera línea de contacto con el cliente.

—Sin ser despectivo, ¿eso significa que personas como tú pueden solucionar los problemas, así de sencillo?

—Así es. Nosotros llamamos a estos *momentos de la verdad.* Todos entendemos claramente nuestras responsabilidades para responder a las necesidades y requerimientos de cada uno de nuestros clientes. Además, como ya le comenté, mi labor como anfitrión es asegurarle la mejor experiencia durante su estancia. Lo que ocurrió es un ejemplo de las facultades que tenemos.

Llegamos a la habitación 345. Ricardo me entrega mi nueva llave, que en ese mismo momento reprograma en un pequeño scanner que trae consigo, y acomoda mi maleta sobre la cama. Le agradezco las amabilidades y comienzo a instalarme.

Una vez alojado, enciendo mi laptop para checar si hay algún mensaje del Sr. Rojas o de Jorge. Sólo encuentro un mensaje de Jorge, diciéndome que el día de mañana me recogerá a las 7:30 a.m., y que espera que todo en mi viaje hubiera salido de lo mejor.

## Capítulo VII
## El restaurante

**A** las 5:30 me levanto para ir al gimnasio. Este día será realmente importante en mi vida, lo sé, lo siento. Lo poco que he visto de la ciudad el día anterior y las experiencias con las diferentes personas con quienes tuve contacto han sido realmente enriquecedoras y de muchísimo aprendizaje. En conjunto, me han mostrado de una forma sencilla la importancia de que las personas que están en contacto directo con el cliente tengan el facultamiento correcto para asegurar la mejor experiencia.

Ejercitándome en la caminadora, pensativo, recuerdo que hace años escribí un artículo acerca de la filosofía del Toyota Production System. Reporté sobre la importancia que Toyota le había dado a su personal operativo para que fuesen ellos quienes solucionaran los problemas que aparecen en la línea de producción. Ahora entiendo que hablaban de facultamiento. Vaya, aquí en Ciudad Valor tienen muy claro este principio.

Pero, ¿qué tendría que ver un principio de manufactura con la gestión de una ciudad? No sé, quizá sí haya relación. Pienso que durante el desayuno anotaré esta duda, para expresarla cuando sea el momento.

Termino mi ejercicio, regreso a mi habitación, me arreglo, tomo mis cosas y me dirijo al restaurante del hotel.

Durante el desayuno, sigo sorprendiéndome de la atención y el servicio, pues todos los empleados, sin excepción, parecen sacados de un libro de comportamiento excepcional. Todos reciben con una sonrisa, todos están atentos a lo que los clientes necesitan y la comida está exquisitamente preparada y adornada. No aguanto mi ansiedad y le pregunto a Daniel, el mesero que me ha estado atendiendo:

—Oye, Daniel, ¿cómo es que han cambiado tanto?

—¿Perdón? —me responde con asombro.

—Mira, pasa que hace años vine a este mismo hotel y ahora encuentro todo diferente: la atención, la comida, la rapidez...Y, bueno, uno pensaría que el costo del hotel debería ser más alto, pero no, sigue siendo el mismo. Desde mi llegada, el día de ayer, ha sido una gran experiencia el hospedarse con ustedes, simplemente siento que obtengo más por lo que pago. ¿Qué pasó? ¡Además, estamos en la hora pico del desayuno y los platillos están sumamente elaborados y exquisitos, debo decirte! ¿A qué hora hacen todo esto?

— ¡Ah! —respondió con una gran sonrisa—. Mire, ahora que usted lo percibe y yo mismo me doy cuenta, me da mucho gusto confesarle que yo fui una de las personas que estuvo más en contra al inicio de este proceso. Para no hacer el cuento largo, nos dimos cuenta de que los clientes son el medio por el cual nosotros podemos alcanzar nuestro propósito de vida, y entre más satisfechas estén sus necesidades, mejor para todos.

De no ser porque mis ojos están viendo el gran cambio, pensaría que me está dando por mi lado.

—En Ciudad Valor —continúa— a todos nos queda clara la importancia de nuestros clientes, bajo un enfoque de procesos que utiliza la Matriz de Valor.

En ese momento un cliente levanta la mano y Daniel, con mucha cortesía, me indica que debe de atenderle. Mientras tanto, yo sigo observando cómo todo en el restaurante se lleva a cabo tan bien, sin ningún problema, todos los platillos salen sincronizados y a tiempo.

Después de unos minutos Daniel regresa y le pregunto:

—Oye, ¿cuántas personas más hay en la cocina para que estos suculentos y bien presentados desayunos puedan ser servidos en una forma tan ágil?

—Se sorprenderá de saber que, en realidad, somos los mismos desde hace más de 7 años. Lo único que hicimos fue enfocarnos en el cliente y conocer la secuencia de pasos desde que atendemos al cliente hasta que le entregamos sus platillos. Sabiendo esto, eliminamos el desperdicio. ¡Listo!

—¿Me estás tomando el pelo? ¿Crees que las cosas son así de fáciles?

—¿Sabe una cosa, señor? —contesta con una enorme sonrisa y extrema confianza—. ¡Sí! las cosas son así de fáciles. Finalmente, si cree que las cosas pueden cambiar, seguro cambiarán, pero si desde el inicio piensa que las cosas son difíciles, seguro que así serán.

"De forma rápida le comento. Eliminar el desperdicio nos ayuda a que nuestros clientes vivan la mejor de las experiencias una y otra vez, y nos permite enfocarnos en lo que agrega valor a esa transformación, en lugar de enfocar nuestra vida en el desperdicio. Éste ha sido mi aprendizaje más importante en los últimos años, y estoy seguro de que, a su tiempo, usted estará de acuerdo conmigo. Por lo pronto me apena dejarlo, pero debo continuar con mi trabajo, ¿se le ofrece algo más?

Reconozco que me deja con un estado emocional algo incomodo. ¿Cómo va a ser que un mesero venga a decirme con tal claridad cómo le hizo el restaurante para transformarse de esta manera? Pero bueno, seguro lo que está nublando mi visión es parte de mis paradigmas; debo ser abierto y perceptivo ante los mensajes de la vida.

Termino mi delicioso desayuno con una confusión entre lo que me dice Daniel del desperdicio y el enfoque en procesos.

Así que, como buen reportero, saco mi libreta y anoto, para no perderlas de vista y junto con mis reflexiones, las frases clave mencionadas hasta ese momento:

Al terminar, firmo la cuenta, que por cierto no tuve necesidad de pedir porque ya estaba junto a mí, firmo, tomo mis cosas y me dirijo al lobby. El reloj marca las 7:25 a.m.

## Capítulo VIII
## El encuentro con Jorge

—¡Vicente!

Una voz conocida me llama desde en medio del lobby del hotel. De inmediato reconozco a Jorge, mi buen amigo, a quien tenía años sin ver.

—Jorge, qué gusto verte, ha pasado tanto tiempo... — Nos abrazamos efusivamente y con el mismo cariño y entusiasmo de años atrás.

A lo largo de todo este tiempo, Jorge ha mantenido su estilo elegante y clásico para vestir, y en esta ocasión no es la excepción: su traje azul marino contrastaba con su piel blanca. Jorge mide aproximadamente 1.90 m., es de complexión delgada, cabello obscuro y canas tempranas. Uno de sus rasgos inolvidables es su voz fuerte y entonada, como de locutor.

Al comentar algunos recuerdos y anécdotas divertidas de nuestros tiempos, Jorge añade:

—Ya han pasado algunos años desde tu última visita, por lo que estoy seguro de que Ciudad Valor te debe haber dado gratas sorpresas de forma temprana, ¿no?

—Créeme —le digo con asombro—, no sabes cuántas, y eso que sólo llevo prácticamente unas horas aquí.

—Bueno, entonces empecemos. Primero que nada, para que abras tu contexto y tengas elementos clave para reunirte con empresarios y diversos organismos, y también para que enfoques más tus entrevistas y tu visita sea más provechosa, visitaremos el Value Learning Center, que es, digamos, el centro de operaciones de mejora de Ciudad Valor.

—¿A qué te refieres? ¿Una ciudad con un centro de operaciones de mejora? Jorge, eso normalmente lo hace el ayuntamiento, ¿o no?

—Sí, normalmente es una función del ayuntamiento de las ciudades. En realidad, también nuestro ayuntamiento lo hace, pero el Value Learning Center es algo ligeramente distinto. Verás: por principio de cuentas, es de iniciativa privada, y fue el detonante para que gobierno, ciudadanos y empresarios nos uniéramos para transformar nuestra antigua e ineficiente cuidad en Ciudad Valor. Ya lo entenderás a lo largo de tu visita.

Me siento ansioso por iniciar esta jornada de aprendizaje, aunque desde temprano no he dejado de sorprenderme.

Nos dirigimos al estacionamiento, platicando de lo que me ha pasado desde que tomé el vuelo. Una vez en el estacionamiento, Jorge me invita a subir a un BMW. Yo no comento nada, pero en mi interior exclamo: "¡Vaaaya! Jorge cambió su viejo auto compacto por un BMW 330, ¿cómo puede un empleado de gobierno ganar más de 55 mil dólares para comprarse algo como esto?". Quiero evitar pensar en el cómo y quedarme con la imagen del amigo íntegro y recto que conocí en la universidad, aunque debo admitir que no podía quitar esa pregunta de mi cabeza mientras él me conduce hacia nuestra primer entrevista.

Conforme vamos avanzando transitamos por enormes puentes y túneles. Es impresionante la agilidad de las vialidades y la conservación de las zonas de recreo arboladas. Pareciera que estamos en una ciudad que fue planeada desde el inicio, pero no es así: seis años atrás, esta urbe de un millón de habitantes era un desastre, en donde ir a trabajar era toda una odisea y cruzarla, incluso a una hora que no era pico, requería de 45 a 60 minutos. En fin, ahora ha cambiado mucho.

Estoy pensando en eso cuando suena mi celular. Contesto y oigo la voz de Paty, la asistente de Ernesto.

—Buen día, Chente ¿Cómo va todo?

Sorprendido por la llamada a esta hora, simplemente contesto: —Gracias Paty, muy bien todo por acá, me dirijo a una de las primeras entrevistas.

—Bueno, pues te deseo todo el éxito en estos días, que todo salga como lo esperas. Ernesto me ha pedido que te comuniques con él el día de mañana para presentarle algunos avances de tu reportaje.

—Entendido Paty, así lo haré mañana por la tarde. Gracias.

El trayecto en el auto dura aproximadamente 10 minutos. Jorge me dice:

—Estamos por llegar al Value Learning Center. Yo estaré contigo. Verdaderamente espero que esta reunión te dé el contexto correcto para que podamos continuar con las entrevistas y el recorrido que he preparado para ti.

—De verdad te agradezco, amigo, por tus atenciones y el tiempo que te estás tomando para estar conmigo.

—Chente —dice Jorge con la seriedad que siempre le caracteriza—, ya te digo que las cosas están equilibradas. A nosotros nos interesa que esto sea conocido en el mundo, y tú, amigo, eres una pieza clave para ello, pues eres una persona neutral y tu misión es informar. Así que no tienes nada que agradecer, yo soy un facilitador para que esto salga a la luz.

—Pero, ¿por qué esto no se ha dado a conocer antes?

—Verás, se han hecho muchos intentos, pero los estabilistas consumen algunos de estos esfuerzos.

De nuevo esa palabra...

—¿Y dónde nacen o que son? ¿Por qué oponerse a algo que es bueno y cambiará la vida de muchas personas?

—Porque son personas que viven de los sistemas. Son personas que no tienen interés en que las cosas cambien. Les gusta vivir en la estabilidad, en la zona de confort. Eso es lo que te puedo decir por ahora.

"Llegamos, este es el lugar.

Antes de bajarme del coche, abro mi libreta y anoto:

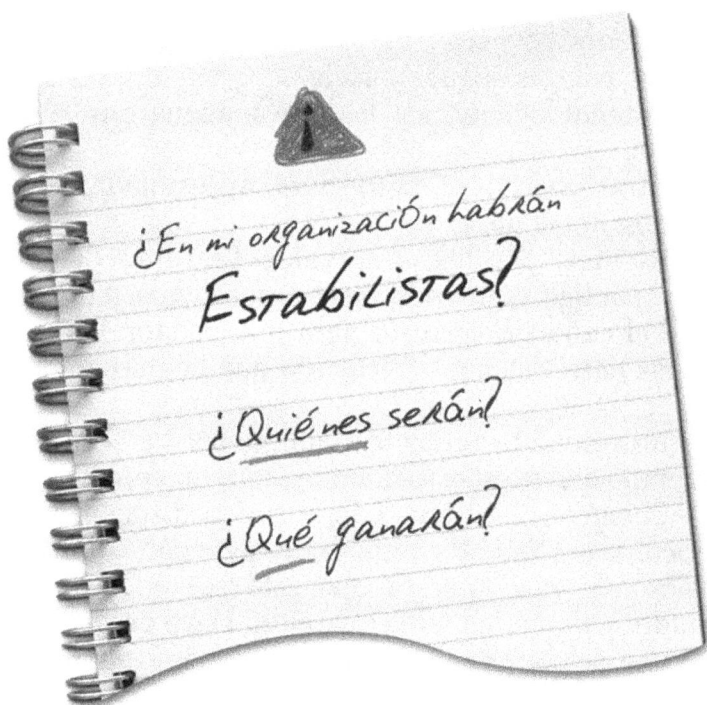

¿En mi organización habrán
Estabilistas?

¿Quiénes serán?

¿Qué ganarán?

## Capítulo IX
## La reunión en el Value Learning Center

Comenzamos a caminar. Apenas a unos pasos del auto, me encuentro frente a un edificio moderno, sobrio, bien planeado, con un amplio estacionamiento, áreas verdes alrededor. Ciertamente me parece un lugar en donde podría pasar horas cómoda y agradablemente, y eso que nada más estoy viendo el Value Learning Center por fuera.

Entramos al edificio, y lo primero que llama mi atención es la simplicidad de la decoración, que en cada espacio proyecta y permite sentir calidez y armonía. Es un sitio que invita a estar, pues todos sus elementos permiten una conexión con el lugar. En la recepción hay un gran arreglo floral, con bellas flores naturales y coloridas, y para completar la comodidad, en todos los espacios escucho una música que me pone en sintonía. Es una experiencia simplemente fascinante.

—Sígueme, Vicente, pasemos a la sala de reuniones.

—Qué lugar más agradable —comento a Jorge—, es un sitio en donde pareciera que todos quisiesen trabajar.

—De hecho, Gustavo y Ana han tenido mucho cuidado en seleccionar cada elemento y rincón, pues la idea es compartir un estado de abundancia,

—Claro. El director de mi periódico tiene una oficina extremadamente compleja, ostentosa... ¡Pero no!, aquí las cosas son diferentes. Veo, como dices, abundancia en paz, en armonía, en sincronía.

Conforme vemos avanzando a la sala en donde nos reuniremos con estas personas, me impresiona el sentido rítmico de trabajo de la gente. No se nota pereza, burocracia o complejidad, todos los espacios están abiertos.

Después de unos breves minutos de observación, pregunto a Jorge: —Oye, pero, ¿quiénes son Gustavo y Ana?

—¡Ah!, ellos son quienes integraron la Matriz de Valor.

—¿Integraron? Querrás decir "inventaron", ¿no?

—No, en realidad, ellos prefieren usar la palabra "integraron", porque los elementos del modelo ya habían sido inventados o desarrollados previamente. Su gran mérito fue integrarlos en una forma lógica. Antes, cada elemento estaba por separado; todas las organizaciones, cuando sus elementos están separados o desarticulados, tienen un poder de transformación mucho menor a cuando sus elementos se encuentran integrados y en armonía.

Entonces, entran a la sala dos personas con una enorme calidez y alegría. Me impacta su presencia, pues en esta sociedad en donde típicamente muchos andamos a las carreras, viviendo el día entre gritos, enojos, preocupaciones y enfados, pareciera que ellos vinieran del bosque, en una posición de alta energía y paz a la vez.

Pienso que la mujer es Ana. Aparenta entre 30 y 35 años, es de tez blanca y ojos café obscuro, expresivos. Su ropa es elegante, contemporánea y sobria. Al verla, viene a mi mente la imagen de una mujer ejecutiva, exitosa y feliz, por la enorme sonrisa que la acompaña y la energía natural que irradia.

Por su parte, Gustavo es un ejecutivo perfectamente vestido y combinado de pies a cabeza. Su complexión es robusta, su piel es morena, y la primera impresión que me da es la de una persona segura y de gran naturalidad y espontaneidad.

—Hola, Vicente —saluda Ana, dirigiéndose a mí con su mano extendida y dándome un fuerte abrazo.

—¿Qué tal, Ana? —respondo con una voz más tambaleante que firme.

—Bienvenido, Vicente —dice Gustavo, quien también me da la mano y un fuerte abrazo que, de inmediato, me hace conectarme y sentirme en un ambiente amigable y sereno.

—Mucho gusto —respondo ya más relajado—. Estoy encantado de estar en lo que ahora es Ciudad Valor, ¡y más aún, de estar con los precursores de este movimiento!

—Bueno, en realidad, lo que sucedió más bien fue que las personas correctas nos encontramos en el momento correcto y supimos que podíamos generar una transformación verdadera, impactante y duradera, ¡y aquí estamos! —comenta Ana con gran confianza, retirando cualquier alusión de grandeza hacia ellos mismos.

—Como les comenté por teléfono, Vicente viene del diario más prestigiado de Nueva York a realizar un reportaje de Ciudad Valor para su sección de negocios —comenta Jorge dirigiéndose a Ana y Gustavo—. Nosotros conocemos la importancia y trascendencia que esta iniciativa puede tener en el mundo, y por esto, Vicente, hemos preparado todo con mucho detalle —agrega.

"El primer paso es que abras tu contexto para que poco a poco empecemos a vaciar contenido, o ejemplos, de lo que ha logrado Ciudad Valor, y de esta manera tu experiencia sea más rica y plasmar tu reportaje sea más sencillo.

Mientras escucho a Jorge, agradezco el encuentro con Ken, pues él tenía toda la razón sobre el tema del contexto, así que me voy preparando para iniciar y abrir mis sentidos a esta experiencia que tengo enfrente, y que seguro cambiará mi manera de percibir algunas cosas.

—Exacto, el contexto y el contenido son la clave. Para no darle más vueltas, te lo explicaré de una manera muy sencilla —. Ana toma un pequeño vaso de cristal y una jarra llena de agua. —Verás, Vicente, digamos que el contexto que tú tienes ahora es del tamaño de este vaso de cristal, y el contenido que podríamos vaciar es toda el agua contenida en la jarra —. Y entonces Ana empieza a verter poco a poco el agua en el vaso, y me pregunta: —¿Qué pasará si sigo vertiendo agua en el vaso?

—¡Se derramará! —contesto apresurado. El agua llega al borde del vaso, y Ana sigue vaciando agua y más agua, mientras exclamo angustiado. —¡Se está tirando, se está tirando!

—Exacto —responde ella con toda tranquilidad—, el contenido se tirará, es decir, se desperdiciará porque no tenías un contexto amplio, ¿me explico?

—Claramente —le comento a Ana—, ahora que recapacito, muchas de las grandes conferencias con grandes gurús que he tomado no han tenido tanto impacto simplemente porque ellos vacían una cantidad enorme de contenido, pero mi contexto ha sido pequeño y, por tanto, ese contenido se pierde. Es como decimos: "no somos capaces de digerirlo", ¿cierto?

—Cierto —comenta Gustavo—, es por esto que, antes de que realices cualquier entrevista, te compartiremos la Matriz de Valor, para que abras tu contexto y puedas almacenar mucho más contenido.

De pronto, hago un viaje hacia mi interior y me pregunto

> ¿Será posible que muchos resultados no sucedan como lo esperamos porque no nos tomamos el tiempo suficiente para ampliar primero nuestro contexto y luego empezar a vaciar contenido?

Así que abro mi cuaderno de notas y apunto un principio que cambiará mi vida por completo:

# Capítulo X
## Matriz de Valor

Estoy por terminar mi anotación cuando observo que Ana se incorpora.

—Vicente —comenta—, nosotros tenemos un alto interés en que todas las personas seamos cada vez más Personas, es decir, más humanos. Que vivamos un sentido de humanidad cada vez más grande y podamos hacer más cosas como para las que fuimos hechos, es decir, cosas que nos motiven, que nos estimulen y engrandezcan.

Estoy sorprendido de la claridad y energía que Ana usa para explicarme como había iniciado todo. Me siento cautivado, por lo que no quiero interrumpirla.

—Y en esa búsqueda continua de soluciones y alternativas, compartiendo nuestra visión con amigos y con expertos, implementando diferentes medidas y ecuaciones, logrando aciertos y fracasos, observamos una secuencia de pasos que, consistentemente, nos daban resultados positivos una y otra vez.

Entonces habla Gustavo, como en una bella danza de palabras en armonía continúa con lo que Ana acaba de decir.

—Seguíamos implementando esa secuencia de pasos con resultados muy positivos en diferentes sectores, como el empresarial, el sector servicios y el gubernamental. La aplicamos con éxito en muy diversos tipos de empresas, desde la manufactura de salas y cocinas, por ejemplo, hasta la transformación, donde se emplean cadenas de procesos físicos y químicos.

"Luego quisimos probar la misma ecuación en diferentes paradigmas culturales, viajando e implementándola en diferentes países en donde la mezcla cultural es bastante alta y con diferentes formaciones y tipos de educación, y también nos daba muy buen resultado.

— Además —complementa Ana—, los frutos eran grandes en cuanto a beneficio y rapidez, pues nuestro objetivo fue integrar una solución que diera a ganar más y más rápido.

—Y no olvides —agrega Gustavo—, que esto debe funcionar ahora y en el futuro, porque mira, Vicente, hay muchas soluciones y artimañas que te permiten ganar más y más rápido ahora, pero comprometiendo mucho el futuro. Eso no es algo que ninguna organización desee, ¿o me equivoco?

—No, para nada. En realidad, lo que las organizaciones buscan es una mejora continua para trascender en el tiempo —comento muy convencido, pues eso siempre había estado en mi mente.

—Bien —continúa Ana—, gracias a estas experiencias fue que integramos la Matriz de Valor, cuyo objetivo fue claro desde el inicio: apoyar el engrandecimiento de la persona, de las empresas, de la ciudad, etc. Así que, si les parece bien, creo que es momento de mostrarte la Matriz de la que tanto hablamos.

Y tomando un hermoso cuadro me mostró aquella herramienta que habia cambiado la vida de toda una ciudad.

—Ésta es la Matriz de Valor, Vicente, y es poderosísima.

—Oigan, pero... ¿así de simple? —pregunté sorprendido—. En realidad yo esperaba algún tipo de "fórmula matemática de tercer grado", algo que "elevara" al más alto nivel el ser y el conocimiento de las personas. Perdonen mi incredulidad, pero... ¿esto fue lo que transformó la antigua y desastrosa ciudad en Ciudad Valor?

—Así es —responde Ana con aquella mirada de entusiasmo y pasión—. Recuerda que el objetivo es engrandecer a las personas a través de la mejora de los procesos que vivimos en el día a día, por lo tanto, la simplicidad es parte fundamental del cuadrante.

—Además —agrega Gustavo—, no olvides que en la actualidad la gran mayoría de las personas en el mundo no cuenta con una preparación profesional alta, y pareciera que las herramientas, modelos y soluciones están en una carrera de hacer el conocimiento "más elevado y más complejo", con lo que dejamos fuera cada vez más al promedio de la población mundial. El resultado de esto es una brecha cada vez más grande entre los grupos sociales.

—La Matriz de Valor, por el contrario, incluye herramientas poderosísimas, descritas de una manera tan sencilla que personas sin un grado académico alto son capaces de aprenderlas, ¡y más aún, de implementarlas con gran maestría! Tus ojos, mi estimado Vicente, ya han observado los beneficios de esto —concluye Ana.

—Pero, ¿esto no llevaría a que las personas menos preparadas se relajaran porque ahora es muy simple todo? —pregunto con la confianza y naturalidad que me caracteriza.

—En realidad, las tendencias en Ciudad Valor muestran que ahora cada vez más jóvenes y adultos están ingresando a las universidades —agrega Jorge—. Ahora las personas están menos frustradas porque saben que, independientemente de su grado académico, sus ideas que están bien enfocadas y son llevadas a cabo de manera inmediata. El salario mínimo en Ciudad Valor se ha venido incrementando un 15% por arriba de los promedios nacionales, y nuestro nivel de vida actualmente se encuentra dentro de los mejores del mundo.

—¡Vaya! —exclamo, asombrado por la claridad de los números que maneja Jorge y porque, además, estoy sorprendido por su presencia y seguridad, nada parecido a aquel joven tímido e inseguro que conocí en los años de universidad.

—Bien, abordemos la Matriz de Valor paso a paso, Vicente, porque sabemos que Jorge ha preparado unas visitas en donde podrás conocer ejemplos claros de su aplicación —indica Ana.

Debo decir que estoy ansioso por conocer más de la Matriz que ya varias personas me habían mencionado. Ahora sí es el momento. Estoy listo para iniciar este esperado viaje de aprendizaje.

## Capítulo XI
## Primer Cuadrante: Propósito

Y así, sin más espera y preámbulo, entramos con toda sencillez y naturalidad al Primer Cuadrante. Gustavo comenta:

Primer Cuadrante: Propósito.

Yo tomé nota con la misma emoción con que se inicia un nuevo año escolar, con la expectativa sobre cuál será el nuevo aprendizaje por venir. Dirigiéndose a mí, Gustavo comienza a explicar:

—El Primer Cuadrante es el Propósito, pues su objetivo es dejar perfectamente claro a todo el personal el propósito de la organización, incluyendo el producto o servicio que ofrece y la secuencia de pasos necesarios para lograr la entrega de dicho producto o proceso dentro de las especificaciones contratadas con el cliente.

—Perdón, dicen ¿a *todo* el personal? —pregunto sorprendido—. Creí que con que sólo lo supieran los altos directivos bastaría.

—Sí —afirma Ana sin ningún titubeo—, a todo el personal, ya que buscamos la sinergia de todos, integrar la fuerza de todos y aplicarla en un sólo punto. Si el personal no sabe a dónde va o no entiende por qué va a donde la organización quiere, se convertirá en un lastre que le costará a la organización una cantidad enorme de recursos, mismos que necesita para alimentar su proceso de cambio.

—¡Ah! Ahora entiendo por qué nunca hay dinero que alcance en las organizaciones, y se enfrascan en procesos y más procesos de administración del cambio, en lugar de invertir en procesos de clarificación del rumbo. ¡Qué excelente idea! —agrego emocionado.

—Así es —me dice Jorge—, que todo el personal entienda el propósito de la organización ahorra mucho tiempo y esfuerzo.

Seguimos desarrollando el punto con algunos ejemplos muy concretos, cuando Ana dice:

—Y para continuar y que te vaya quedando más claro, te comento que la Matriz de Valor es un método, y como todo método tiene una secuencia de pasos que, de seguirse, asegura resultados. Por esto, cada cuadrante de la Matriz cuenta con principios básicos y herramientas que lo rigen. Ya que estamos en esto, comencemos con los principios básicos de este cuadrante.

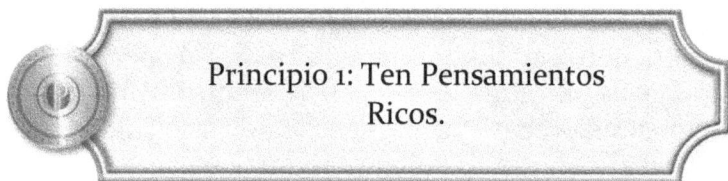

> **Principio 1: Ten Pensamientos Ricos.**

En un nuevo cuadro me muestra el primer princio que debe de estar presente en el Propósito, y continúa:

—Vicente, todas las personas podemos elegir tener dos tipos de pensamientos: los Pensamientos Ricos y los Pensamientos Pobres.

"Si las personas tienen Pensamientos Ricos, entonces verbalizarán riqueza, actuarán en riqueza y atraerán la riqueza. Por el contrario, si tienen Pensamientos Pobres, verbalizarán pobreza, actuarán en pobreza y atraerán la pobreza.

—Es por esto que en el Cuadrante de Propósito buscamos que éste sea un pensamiento rico y no un Pensamiento Pobre —concluye con firmeza Gustavo.

Todo me está quedando claro. Como reportero aún no tengo muchas preguntas, y como estoy abierto a poner toda mi atención, continuamos con el segundo principio.

Gustavo está escribiendo en el rotafolio el segundo principio cuando entra a la sala la bella señorita de la recepción con un carrito muy ergonómico que contiene frutas, yogurt, un café muy aromático, tés de infusión y unas ricas galletas de avena recién horneadas.

Ana, como buena anfitriona, agradece a la señorita y nos invita a tomar lo que se nos antoje. Todo se ve riquísimo.

Después de servirnos y acomodarnos de nuevo en la cómoda sala de piel color vino, Gustavo continúa:

Principio 2: Enfoque 100% en el cliente.

—Este Principio, como su nombre lo indica, tiene que ver con la manera en que nuestro producto o servicio satisface las necesidades del cliente.

—Sí, me queda claro. Todo el mundo habla de este enfoque, pero la verdad no entiendo la novedad o la importancia —agrego.

—Te lo explicaré. Muchas veces los empresarios quieren entregar el producto que a ellos les conviene, en las condiciones que a ellos les convienen, con las expectativas que a ellos les convienen, y en pocos momentos buscan satisfacer esto mismo pero únicamente desde la perspectiva del cliente.

"Te preguntarás, ¿por qué hacen esto las empresas? Simplemente porque tienen un Pensamiento Pobre que genera más pobreza. Es decir, piensan que ahorrándose unos centavos en el producto que le entregan al cliente ganarán más. Y lo podrán hacer, pero sólo en el corto plazo, lo que eventualmente los lleva a la muerte.

"La Matriz de Valor toma 100% de las necesidades del cliente y se enfoca en satisfacerlas de tal manera que el cliente pueda, con el producto, ¡generar ventajas competitivas!, lo que asegura a nuestras empresas la permanencia y crecimiento en el mercado —concluye Gustavo.

—Es cierto —agrego—. Muchas de las empresas y organizaciones hablan de dientes para afuera acerca de esto, pero nunca se piensa en la competitividad de los clientes. ¡Vaya..!

Realmente me encuentro en el lugar correcto, pues todo lo que estoy escuchando y aprendiendo es trascendente e importante para mí. Imagino qué gran utilidad tendrá para un empresario, ejecutivo o estudiante conocer esto.

La voz de Ana me saca de mi imaginación y me pone atento al siguiente principio.

> Principio 3: El cliente interno tiene el mismo valor que el cliente externo.

"El cliente interno tiene el mismo valor que el cliente externo", leo sorprendido y al parecer en voz alta, pues inmediatamente Ana dice:

—¡Adivina! Si estos directivos de empresas pobres piensan lo que mencionábamos hace unos momentos de sus clientes externos, ¿qué pensarán las personas que colaboran dentro de sus empresas?

Ana espera hasta que yo conteste algo.

—¿Lo mismo? —balbuceo con un tono más forzado que cómodo, pues yo soy la persona que está entrevistando.

—Exacto, lo mismo, porque los pensamientos y acciones que toman los directivos de una manera u otra se transmite a todos los rincones de la organización. Simplemente ¡no puedes ocultar un pensamiento! Un pensamiento es una onda de energía que llega a todos los rincones de tu ser, ¡por eso el pensamiento debe ser siempre positivo!

"Así que decidimos tomar el principio del cliente interno, de cualquier proceso y cualquiera que sea: un operador o un directivo, y tratarlo igual que como tratamos al cliente externo. Esto ha cambiado enormemente la perspectiva colaborativa dentro de las empresas en Ciudad Valor.

Finalmente llegamos al Principio 4.

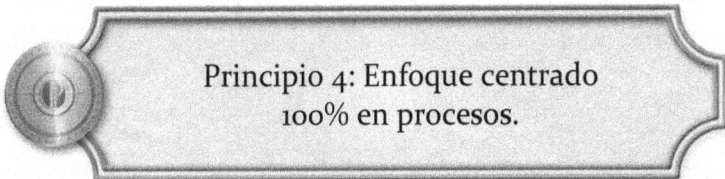

> Principio 4: Enfoque centrado
> 100% en procesos.

E inmediatamente sigue:

—Algo que contribuyó al éxito de Ciudad Valor es el enfoque 100% en procesos, pues cuando tienes la lógica de procesos, lo que importa es el cliente final y los clientes entre procesos. En pocas palabras, lo que interesa es el producto final, el resultado.

—Entiendo, pero no del todo, pues nunca había oído esto del enfoque a procesos. Que yo sepa, las empresas trabajan con un enfoque departamental. ¿Cómo se trabaja con este enfoque que dices?

—Muy sencillo —responde Gustavo—. Cuando trabajas con el enfoque a procesos, las actividades "fluyen como agua en un arroyo". No hay tantos obstáculos como los que hay cuando trabajas con un enfoque en departamentos, que se centra y responsabiliza sólo en lo que sucede entre sus paredes. No te preocupes, cuando hagas la visita a las empresas te quedará mucho más claro.

Gustavo comenta algunos ejemplos para que me queden más claras las diferencias y anuncia la conclusión de los principios básicos del Primer Cuadrante, resumiendo lo visto hasta el momento.

—Una vez que definiste tu Pensamiento Rico, definiste quien es tu cliente y también definiste qué producto le vas a entregar, y además declaraste qué especificaciones debes cumplir para ayudar a que tu cliente sea cada vez más competitivo, entonces tienes terminado el primer cuadrante, que es Propósito.

—Ok., déjame entender— interrumpo para que los 4 principios me queden claros.

> Si tengo un Pensamiento Rico y ligo el producto o servicio que entrego a ese Pensamiento Rico, y además ligo la secuencia de pasos necesarios para transformar ese producto o servicio, entonces estaré garantizando que lo que hago va a cumplir con el propósito de la organización.

—¿Es correcto?

—Es correcto —asiente Ana.

—Bien. Me está quedando claro.

—Excelente. Ahora, las herramientas que utilizamos en este cuadrante son dos, y fueron desarrolladas por grandes pensadores que han aportado mucho al mundo. Integramos estas herramientas en este cuadrante porque son las que con más claridad nos ayudan —continúa Ana.

> Herramienta 1: Cuadro de Mando Integral de Robert Kaplan.

"El Cuadro de Mando Integral nos da una excelente panorámica para realizar una Declaración Ampliada de la Visión de la organización.

—A ver, tengo dos preguntas: el Cuadro de Mando Integral es el que habla de las 4 perspectivas, que son: la perspectiva financiera, la perspectiva del cliente, la perspectiva de los procesos internos y la perspectiva de las personas, ¿cierto?

—Sí, así es —responde Ana—. ¿Cuál es tu otra pregunta?

—Hablaste de que, bajo su perspectiva, el Cuadro de Mando favorece la creación de una Declaración Ampliada de la Visión de la organización. Entonces, el Cuadro de Mando no sustituye la Declaración de la Misión, Visión y Valores de una organización, ¿correcto?

—Sí, es correcto, no la sustituye.

—Y esta Declaración Ampliada de la Visión las complementa o enriquece, ¿correcto?

—Es correcto. De hecho, hacerlo de esta manera da una claridad asombrosa para la realización de la Misión, Visión y Valores organizacionales —asienta Ana con un movimiento de cabeza.

—Ahora voy entendiendo porque le llaman una Declaración Ampliada de la Visión. Claro, porque en ella se muestran cifras que clarifican con más detalle el rumbo de la organización —expreso, sorprendido de mí mismo.

—Así es, porque muchas empresas sólo declaran su Misión y Visión de una manera demasiado general, ambigua o poco clara en términos prácticos para el resto de la organización, en quienes, por cierto, recae principalmente la operación de la organización para alcanzar sus fines. ¿Me sigues?

—Sí, sí, por supuesto, ahora sé porque no entiendo muy bien todos los bellos y costosos cuadros que lucen en los lugares más públicos de mi periódico, y es porque falta esa liga clara y lógica que ahora sé que llama Declaración Ampliada de la Visión —. Encuentro mucho sentido en todo esto; incluso ya estoy formulando algunas propuestas para mi regreso a la oficina.

Gustavo toma la palabra y continúa.—,

> Herramienta 2: Diagrama de Deming, desarrollado por Edward Deming.

—El Diagrama de Deming aporta una interpretación gráfica de la interacción que existe en el camino de transformación: proveedores, insumos, procesos primarios, procesos soporte, productos y clientes, y el camino de garantía de satisfacción del cliente, constituido por los mecanismos de voz del cliente, análisis del desempeño y, finalmente, diseño y rediseño.

"Para que te quede más claro, me muestra el diagrama en un cuadro que tenían en la sala.

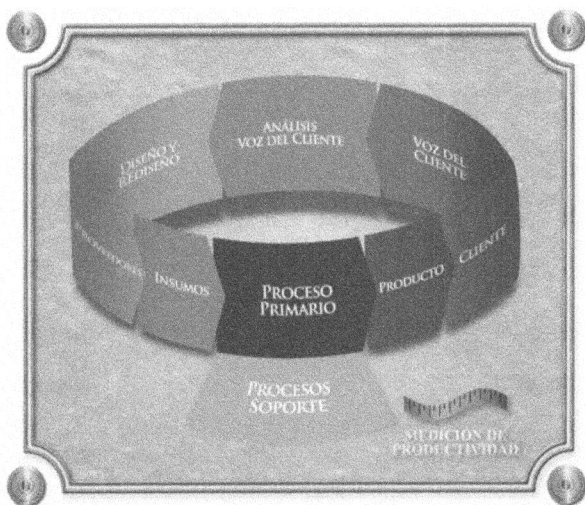

—Con la realización del Diagrama de Deming, te aseguras de ligar la estrategia de la organización con cada uno de los productos que harán que tu cliente genere ventajas competitivas con los procesos necesarios para llevarlos a cabo.

"La mayor parte de las organizaciones tienen buenos intentos e intenciones al realizar su estrategia corporativa, pero pocas, muy pocas de ellas, por extraño que parezca, verdaderamente ligan su estrategia con sus productos y procesos operativos.

"Vicente, ¿tienes alguna pregunta hasta este momento?

—Me gustaría esperar a conocer más de los demás Cuadrantes. Creo entender bien el Cuadrante de Propósito. Además, como dice un buen amigo, "las preguntas vendrán durante la aplicación".

—Bien —agrega Ana—. Viene una parte importante.

Ana hace una pausa como reflexionando profundamente lo que dirá a continuación.

—Vicente, ahora te voy a mencionar una parte del Código de Honor que rige la Matriz de Valor, y esa es:

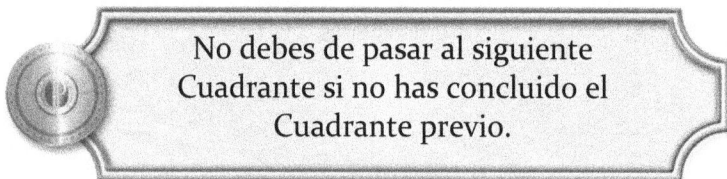

> No debes de pasar al siguiente Cuadrante si no has concluido el Cuadrante previo.

Es decir, no debes pasar al Segundo Cuadrante, *Aclarar*, si no has realizado profunda y profesionalmente el Primer Cuadrante, Propósito.

—No respetar este punto del Código de Honor traerá consecuencias ya muy conocidas por el promedio de las empresas, es decir, no dejarán de ser una empresa promedio o mediocre si realizan el Primer Cuadrante de forma promedio o mediocre, y pasan vertiginosamente al Segundo Cuadrante, ¿me explico con claridad, Vicente?

Respiro profundo, pues la fuerza, energía y convencimiento de lo que Ana está expresando no hace otra cosa que generar un hueco en mi estómago. En este momento pienso que son palabras muy fuertes, o más bien, "qué atrevimiento al decirlo de esa manera".

Ana continúa con toda naturalidad y seguridad.

—Muchas organizaciones realizan su planeación estratégica de manera promedio, en un día conveniente para que la ausencia de los involucrados afecte lo menos posible su trabajo. Es decir, no la elaboran seriamente y con el tiempo necesario y suficiente para profundizar en su expectativa de futuro.

"Veo que estas tomando algunas notas, Vicente, si quieres anotar algo realmente importante y que hace la diferencia, es:

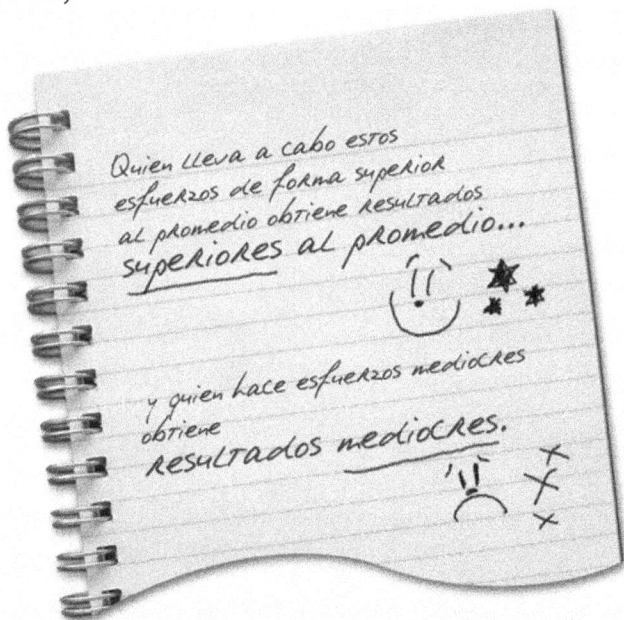

Quien lleva a cabo estos esfuerzos de forma superior al promedio obtiene resultados <u>superiores al promedio</u>...

y quien hace esfuerzos mediocres obtiene <u>resultados mediocres</u>.

Me lo dice con una voz pausada y entonada que me da tiempo para anotarlo.

—Entonces, ahora sí Vicente, continuamos con el Segundo Cuadrante. Gustavo te lo explicará.

Ana le pasa la palabra a Gustavo, quien se detiene junto a la Matriz de Valor y señala el Segundo Cuadrante.

La claridad de la explicación me ha atrapado. Sin ser ingeniero o director de empresa, me está quedando clara la importancia de este Cuadrante. De hecho, ahora voy entendiendo por qué en la editorial se piensa que no somos un equipo y porque hoy los números están como están, pues de acuerdo a lo que he aprendido me ha quedado claro que no trabajamos bajo un enfoque de procesos.

Sigo disfrutando mi rica fruta con yogurt de fresa. Veo que Gustavo se levanta, por lo que me imagino que es tiempo de avanzar al...

## Capítulo XII
## Segundo Cuadrante: Aclarar

Gustavo toma la palabra con espontaneidad, dirigiéndose a Ana, Jorge y a mí.
—Bien, con esto pasamos al...

Segundo Cuadrante: Aclarar.

...donde el objetivo es precisamente aclarar  en esencia dos cosas:

1.   ¿Cuánto y cómo ganamos?
2.   ¿En dónde está la restricción de mi sistema que está regulando mi ingreso?

Es chistoso, pues Ana y Jorge están mirando y oyendo con la misma atención que yo, como si no supieran del tema. Es realmente grato para mí ver como ellos están presentes...

Gustavo se da cuenta de que estoy con la mirada perdida, y me pregunta: —¿Vamos bien?—, a lo que respondo rápidamente: —Muy bien.

Gustavo continúa:

—No se puede hacer un buen proceso de aclaración si las personas no tienen perfectamente claro el Cuadrante de Propósito, pues el proceso está muy basado en la pauta que el Diagrama Deming aporta. En este Cuadrante también encontramos principios guía fundamentales.

Entramos al primer Principio, que Gustavo sigue explicando.

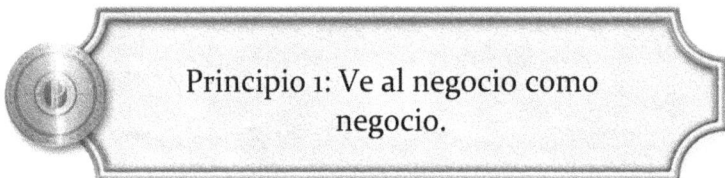

> **Principio 1: Ve al negocio como negocio.**

—Todas las personas debemos entender que una organización es como una *máquina generadora de resultados positivos*, y ya sabemos que existen dos grandes tipos de organizaciones: las que comprenden intercambio de dinero, como las empresas de productos, transformación y servicios, y las que "aparentemente" no manejan intercambio de dinero, como el gobierno y las asociaciones civiles.

Me queda clara la diferencia. Gustavo hace una pausa, camina a la cafetera y llena su taza con el rico café, y como todo en el carrito estaba tan bueno, Jorge y yo hacemos lo mismo.

Después de esta breve pausa, continúa.

—En el caso de las organizaciones que mantienen intercambio de dinero, siempre se deberán ver como máquinas generadoras de dinero y de abundancia, para que las personas busquen cada vez ganar más, y además más rápido.

"Por otro lado, cuando una empresa empieza a ganar lo mismo al mismo ritmo, eso puede ser una señal de que está perdiendo competitividad.

—Oye Gustavo, entiendo que esto aplica muy bien para las empresas o comercios con intercambio de dinero, pero no creo que el mismo concepto pueda aplicarse para el gobierno, pues no vende nada, más bien, brinda un servicio a la ciudadanía. ¿Cómo se usaría este concepto con gobiernos de diferentes países?

—Este es un caso muy interesante y, sobre todo, de gran beneficio para todos los involucrados: tanto quien ofrece el servicio como la persona que lo recibe.

—Si me lo permiten —interviene Jorge—, me gustaría comentar algo al respecto—. Gustavo asiente con la cabeza e invita a Jorge a continuar.

—Verás: así como una empresa es una máquina generadora de riqueza, el gobierno también lo es, sólo que no nos han enseñado a verlo de manera tan clara, y nosotros sabemos que una vez que los diferentes gobiernos y organizaciones sociales conozcan esta forma de ver las cosas, el mundo va a cambiar muy favorablemente de una forma tan ágil como pocas veces se ha visto en la historia.

"Una empresa genera abundancia a través del pago que el beneficiario otorga por sus productos o servicios. Bueno: en el gobierno, los ciudadanos pagan los impuestos y, al hacerlo, el gobierno obtiene dinero que se transforma en beneficios para los mismos ciudadanos y la sociedad en general.

—Claro, en pavimentación de calles, alumbrado, drenaje, escuelas y ese tipo de cosas, ¿no?— agrego, pues estoy entendiendo muy bien lo que dice Jorge.

—Sí, Vicente, pero lo más importante del principio de *negocio como negocio* aplicado a gobierno es que, al monitorear la abundancia o riqueza que genera, podrá ser cada vez más un mejor gobierno.

> La clave esta en que el gobierno cada vez genere más utilidades a una mayor velocidad, para tener una región más próspera.

En este momento me hallo como hipnotizado, pensando en la última frase de Jorge, pues esta forma de ver al gobierno simplificaría de manera importante el modo de ver las cosas y traería enormes beneficios a toda la sociedad. Todos saldrían ganando, independientemente de su actividad o de su rol en la sociedad. También siento temor, pues no quiero ni pensar en todas las objeciones que los funcionarios del gobierno pondrían ante tal afirmación.

—Si una empresa recibe menos dinero del necesario para mantenerla funcionando y generando riqueza, entonces está destinada a desaparecer. Así mismo, si el gobierno recibe menos dinero del que requiere para operar y generar riqueza, está destinado a fracasar, y si varios gobiernos están en la misma situación, pues simplemente arrastrarán al fracaso al país completo —agrega Gustavo.

Estas son palabras mayores. En mi mente se manifiestan ideas y miedos, pues pocas veces había oído hablar a alguien con esta claridad. Pero ni hablar, es la verdad, tiene lógica.

—Así, el Principio 1 aplica de igual forma para los casos empresariales y gubernamentales. A los dos les interesa ganar más a una velocidad mayor, a los dos les interesa generar abundancia, a los dos les interesa ser cada vez más atractivos para sus clientes, y a los dos les interesa ser más prósperos más rápido —concluye Gustavo.

—Bueno —repongo—, hay que guardar ciertas proporciones, pues durante años hemos sabido que no se puede comparar al gobierno con una empresa: son cosas totalmente diferentes.

—Claro, eso es lo que siempre nos han dicho, pero... ¿y si no? ¿Qué tal si adoptar esta filosofía generase más abundancia a los gobiernos y a las naciones? ¿Qué tal si los miedos que existen detrás de este cambio se pudieran resolver positivamente para los intereses de las partes involucradas? ¿Qué tal si las razones para no cambiar y para hacer controversia sobre estas iniciativas tuviesen que ver con razones de seguridad personal básica y miedos? ¿Y si en realidad, una vez implementadas estas acciones, simplemente trajeran más bienestar para todos?

La verdad, fueron demasiadas preguntas y nuevos paradigmas. Seguimos hablando unos minutos más del tema, y después de tranquilizar mi alboroto mental, Ana toma la palabra y continúa:

## Principio 2: Datos.

—Yo sé que hay muchas cosas que se deben de asentar para que queden bien claras. Recuerda que ésta es nuestra primera plática, así que dejemos que el primer principio se asiente y vamos directo al Principio 2, *datos*.

"Muchas veces, en todo tipo de organizaciones se toman decisiones basadas en información que no es real o actual, o bien de la que no se tiene certeza . Decimos, por ejemplo, "estamos mejorando nuestra calidad" o "nuestros competidores están peor que nosotros", pero la clave es que normalmente no sabemos cuánto más o cuánto menos.

"El Principio 2 dice que debemos poseer datos certeros y en tiempo real para tomar decisiones adecuadas.

"La gran mayoría de las empresas recuperan datos después de un largo tiempo de los hechos, ya sea una semana, un mes o incluso un año. Con tanta demora en obtener la información, las decisiones simplemente serán obsoletas, pues para ese momento los competidores ya estarán bastante más adelante.

—¿Me podrías dar un ejemplo, por favor?

—Con gusto. Los ingenieros de sistemas de Ciudad Valor han trabajado de modo clave y muy bien coordinado y enfocado. Su tarea ha girado en torno al desarrollo de soluciones que brinden información en tiempo real, donde la captura de información es automática. Prácticamente, más del 75% de los trámites que requerían algún tipo de papel o tinta y de horas de espera ahora se hacen de manera electrónica y con prácticamente cero esperas.

—Pero, ¿cómo han podido homologar estos criterios entre la población? —pregunto sorprendido.

—Pues muy sencillo, nos basamos en reglas simples.

—¿Reglas simples?— pregunto aún más sorprendido y con mayor énfasis en mi pregunta.

—Sí. Verás, las reglas simples más compartidas son:

1. Clarifica perfectamente el producto o servicio en el que estás inmerso.

2. Implementa acciones que reduzcan el tiempo y el esfuerzo minuto a minuto.

3. Elimina sin parar todo aquello que no transforme el producto o servicio.

—¿Y con estas 3 reglas han apoyado a la transformación de la ciudad? —continúo preguntado incrédulo y expectante.

—Sí, con estas 3 reglas se ha transformado Ciudad Valor y cada una de las actividades que se llevan a cabo aquí. El Principio 2, o de los datos, ha sido fundamental, pues hoy podrás observar que existe una base de datos única en el gobierno.

Todo esto parece demasiado bueno, así que sin pena pregunto: —Pero, ¿esto no fue sumamente costoso?

—No. Por el contrario, los funcionarios del gobierno se dieron cuenta de que costaba mucho más ser ineficiente que ser eficiente. Por ejemplo, la mejor infraestructura tecnológica para gestionar digitalmente todos los trámites representó una inversión 5 veces menor al gasto proyectado para compra, remodelación y rentas ¡de un sólo año! Además, esta implementación representó un ahorro general e incremento del aprovechamiento del gasto público en más de 500% de lo proyectado por cada año, ¿cómo ves?

—¡Vaya!, pues simplemente parece difícil de creer.

—Actualmente, los empresarios promedio de la ciudad tienen la información cotidiana de su negocio en tiempo real en sus blackberries o en su teléfono celular. Los ingenieros de sistemas y compañías de desarrollo de software, tanto locales como internacionales, se han ocupado de concebir soluciones para obtener datos certeros de manera inmediata. Con esa sola premisa en mente han desarrollado enormemente sus soluciones e incrementado sus negocios. Te puedo decir que se han generado cientos de programas, aplicaciones e interfaces que actualmente se están exportando y aplicando en otras naciones.

—En general —añade Gustavo—, muchas personas se han dado cuenta que la captura de información y el registro de datos son actividades que agregan poco valor y que no transforman el producto, y que con interfaces sencillas los datos pueden ser tomados de manera directa utilizando una sola captura en el proceso. Ahora, esas personas que solían estar sentadas capturando y recapturando, tienen una labor mucho más analítica y creativa que les permite un crecimiento mayor como personas, dando mayor Valor Agregado a su trabajo, a su sociedad y a su vida.

Ana toma de nuevo la palabra y agrega, para concluir el tema de los principios:

—Si alguno de estos 2 Principios no se cumple de forma correcta, el resultado puede ser caótico, pues estarás siempre tomando decisiones y generando acciones que irán a todos lados; la energía se dispersará y no lograrás tener el enfoque suficiente como para transformar ágilmente a una organización.

> Los Sistemas de Información y Comunicación han orientado mucho de su razón de ser y existir a crear soluciones que reduzcan el tiempo y el esfuerzo.

"Ahora pasemos a las herramientas. Notarás que, a medida que avanzamos en el Cuadrante, éstas se vuelven más específicas y requieren una secuencia que debe ser seguida correctamente.

Por la firmeza y disciplina con la que habla Ana, ni duda queda de que seguir estos pasos lleva a resultados sorprendentes.

—Bueno —señala Gustavo, volteando a ver su reloj con su humor espontáneo y característico—, vamos muy bien de tiempo para concluir con las herramientas del Segundo Cuadrante antes de ir a una riquísima comida.

Su habilidad y pasión para describir el lugar y lo que comeríamos abre mi apetito y mi expectativa. Por lo poco que le conozco, se ve que este tema de la comida es su fascinación.

> Herramienta 1: Contabilidad basada en Truput, de Ely Goldratt.

—Básicamente —explica Gustavo de forma puntual, pues esta vez estamos entrando a terrenos más técnicos— lo que aporta Goldratt con esta herramienta es una claridad impresionante sobre dónde poner el esfuerzo para obtener resultados excepcionales. Es fácil, rápida, clara y sorprendente, pues permite ver a que producto apostarle de manera específica.

Debo reconocer que me siento como en una cátedra de las mejores universidades, pues la claridad, ambiente, compañía y música de fondo vuelven este momento una de las mejores experiencias de mi vida.

—El primer paso es conocer el Truput de tus productos —continúa Gustavo—. ¿Cómo lo logras? Primero separas los productos o servicios que actualmente produces o entregas, luego identificas su Precio de Venta y le restas los Costos Directos Directísimos asociados con ese producto.

Con toda la confianza, sin sentirme un tonto, como en otras ocasiones en mi pasado, pregunto: —¿Cómo identificas los Costos Directos Directísimos?

—Muy fácil: son aquellos costos que, en caso de que no produzcas ese producto o no prestes ese servicio, simplemente no se generan.

"Por ejemplo, digamos que yo produzco sillas de madera para restaurantes, y cada silla la vendo en 50 dólares. Supongamos que, en costos directos directísimos, tengo una porción de madera, una porción de pegamento y lo que pueda usar de laca.

—¡Exacto! Si no te piden sillas no gastas eso, ¿verdad? —interrumpo, pues realmente estoy muy emocionado porque estoy entendiendo y Gustavo responde.

—Sí, y si en eso me gasto, digamos, 20 dólares, quiere decir que tengo un Truput de 30 dólares por silla.

—Bien —continúa Ana—, ahora digamos que tú produces actualmente mil sillas mensuales de ese modelo. Tu Truput mensual será de 30 mil dólares, ¿correcto?

—¡Sí!, correcto "correctísimo" —exclamo, pues ya me siento entre amigos.

—Bien. Para producir esas sillas, tú tienes un gasto operativo que equivale a aquellos gastos que de cualquier manera haces, independientemente de que tengas o no pedidos de esas sillas, como la renta del edificio, los sueldos y salarios del personal, agua, luz, gas, etc., Digamos que, en tu empresa, el gasto operativo es de 15 mil dólares mensuales. ¿Cuál es tu utilidad? —me pregunta Ana.

—15 mil dólares mensuales —respondo—, lo cual sería una utilidad del 30%, ¡nada mal, eh!

—Correcto. Y así lo haces con cada uno de los productos o servicios que entregas.

—Ok., es relativamente fácil hacer estas cuentas.

Para no olvidarlo, Ana me pide anotar la dirección electrónica www.elprodigioww.com, donde encontraré un formato electrónico para hacer estos cálculos de manera más rápida.

—¿Qué es este sitio?

—Es algo que nosotros hemos llamado una Comunidad Electrónica de Conocimiento Abierto. Es un sitio que tiene el objetivo de compartir y apoyar a que más empresas, ciudades y países se beneficien del conocimiento y herramientas que hay en el mundo. Pero en su momento te contaremos más.

Gustavo toma la palabra para exponer la siguiente herramienta.

## Herramienta 2: Ley de Pareto.

—¿En serio? —pregunto sin aguantarme la risa, pensando: "¡Vamos! ¿No es demasiado fácil esto?"

—Es en serio. La Ley de Pareto dice que el 80% del beneficio proviene del 20% del esfuerzo, y la utilizamos para identificar aquellos productos que generan Truput a la organización, de tal manera que los priorizamos de mayor a menor Truput. ¿Cuáles son los productos que más utilidades le dejan a la organización?

—Los de arriba —contesto.

—¿Y los que más utilidades quitan? Pues los de abajo.

—Bueno, estoy de acuerdo hasta cierto punto, pero muchas veces las empresas vienen haciendo ciertos tipos de productos generacionalmente. Básicamente, tienen muchos compromisos adquiridos con sus clientes... —agrego, a lo que Gustavo responde:

—Así es, mi estimado Vicente, las empresas tendrán que decidir si desean seguir produciendo los productos que les gustan más o los que más Truput o margen de contribución les dejan.

"Yo sé que hay muchas cosas de por medio, y mil y una complejidades. Pero las cosas son así de claras, finalmente tú decides si lo tomas o lo dejas. Muchos deciden seguir con su actual estrategia y continuar culpando a los demás por las decisiones que ellos han tomado, y otros, como la mayoría en Ciudad Valor, se han dado cuenta que decidir con base en Truput es transformador, y han implementado muy buenas y muy creativas estrategias respecto a los productos que han decidido no producir.

—Recuerda Vicente —interviene Ana, dando un paso hacia mí y mirándome fijamente a los ojos—, que la motivación está directamente relacionada con el número de opciones que generas: si eres capaz de generar una amplia gama de opciones, seguramente tendrás una motivación mucho más alta que aquellos que únicamente ven una opción.

Y Gustavo, con entusiasmo y una grata sonrisa, pues ya nos estamos acercando a la hora de la comida, agrega:

> Herramienta 3: Identificación de la Restricción, también de Goldratt.

—Una vez identificado aquel 20% de los productos o servicios que más Truput te generan, entonces declaras la secuencia de actividades para la transformación de cada producto o servicio, e invariablemente encontrarás que existe una única actividad que determina la capacidad del sistema completo.

—A ver, esa parte no la entiendo —digo, un poco preocupado.

—Imagínate una cadena —Ana toma la palabra con su típica tranquilidad—. Supongamos, una cadena de metal de un metro de largo. Cada punta la sujeto a unas máquinas que la van a estirar y a estirar... si sigo estirándola, ¿qué va a pasar?

—Pues claro, se va a romper.

—Exacto, pero..., ¿de cuántos puntos a la vez se romperá la cadena?

—De un sólo punto, por supuesto —contesto, sorprendido de nuevo, pues con un ejemplo muy simple estoy entendiendo

—Ok., ¿pudo acaso romperse en 2 o 3 puntos exactamente al mismo tiempo?

—No, claro que no, se rompe del eslabón más débil —respondo emocionado.

—Exacto, eso mismo pasa en cualquier organización, con cualquier producto que requiera de un proceso para ser transformado. La capacidad del sistema o la capacidad de producción están determinadas por una actividad en un solo punto.

Gustavo, en esta bella danza de complementación entre ambos, toma la palabra:

—Te voy a poner un ejemplo. En el caso de la fábrica de sillas, digamos que el modelo que elaboras pasa por una serie de actividades o sub–procesos, y uno de ellos es una máquina moldeadora en particular que sólo puede producir mil 200 sillas mensuales a su máxima capacidad. Si tu director de comercialización cierra un contrato por mil 500 sillas mensuales, ¿serás capaz de cumplirlo?

Espero unos momentos, reflexionando mi respuesta:
—No, porque la capacidad del sistema está determinada por la moldeadora que sólo puede producir mil 200 sillas al mes —contesto, seguro de mi mismo.

—Claro —dice Gustavo con firmeza—, a menos de que generes alguna estrategia creativa para cumplir el pedido. Pero lo que pasa en la mayoría de las organizaciones es que toman el pedido y se crea todo un caos al interior, porque no tomaron en cuenta la restricción del sistema.

—Muchas compañías fracasan porque son administradas de una forma demasiado compleja, viendo números al final del mes o del trimestre. Esto es como manejar un auto de carreras viendo al retrovisor, tarde que temprano te vas a estrellar, con graves consecuencias —asiento.

—El Primer Cuadrante busca que sepas claramente en dónde estás y hacia dónde vas. El Segundo Cuadrante busca que manejes los siguientes 300 metros viendo de frente a la carretera, observando los menos pero los más certeros indicadores en tu tablero de control, conociendo perfectamente en dónde está tu restricción.

Y para concluir el tema de las herramientas, como ya es costumbre, agrega:

> Y como lo comentamos anteriormente, el Código de Honor es no pasar al Tercer Cuadrante, "Sistema", sin antes haber realizado profunda y profesionalmente el Segundo Cuadrante, "Clarifica". Recuerda que la Matriz de Valor da resultados con seguridad, pero como cualquier método demanda una disciplina clara, y si no te comprometes con ella, seguramente no te dará los resultados esperados.

...finalmente, tú decides si quieres obtener los resultados que muchos en Ciudad Valor han tenido o si quieres ser del montón de personas que culpan a los demás, excepto a ellos, por su situación.

Y en eso, con la conclusión tan clara y precisa, volteo sorprendido a ver el pizarrón y me doy cuenta de que en una mañana hemos avanzado en el conocimiento del 50% de la Matriz de Valor.

Ana toma la palabra y menciona que es tiempo de descansar y disfrutar la comida, así que los cuatro nos dirigimos a la salida, abordamos el coche de Jorge y emprendemos el camino al restaurante que Gustavo había comentado.

Rumbo al restaurante, seguimos platicando y profundizando sobre lo visto en la mañana. Gustavo, Ana y Jorge también me van mostrando otros aspectos de mejora de la ciudad que yo no había visto aún.

Entonces enciendo mi celular, pues por respeto a la sesión quise estar 100% presente y no distraerme con él. Encuentro en el buzón varios mensajes. De Paty, recordándome llamar a Ernesto al final del día. Uno del Sr. Rojas, quien misteriosamente sólo me pide que le comunique por correo electrónico el día en que me reuniré con el alcalde.

Este mensaje me inquieta. ¿Cómo sabe él de una reunión con el alcalde? Yo ni siquiera sé a quienes entrevistaré, ¡qué onda! Pero bueno, ya tendré un momento por la tarde para preguntar a Jorge con quiénes me veré.

Los otros mensajes son de mi editor en jefe, solicitándome un cronograma de entrega del reportaje, una actividad típica y nada extraña en mi trabajo. Al regresar al hotel le contestaré.

Finalmente hay un mensaje de Laura, la compañera optimista y confiable de siempre, deseándome un excelente día y que no olvide llevarle la típica postal que siempre le compro en cada uno de mis viajes.

Y así llegamos al restaurante, de tipo italiano: lo supe por el enorme horno de leña que está a la entrada como elemento decorador y distintivo. El recibimiento es toda una experiencia: el capitán, de nombre Everardo, nos recibe como todo un anfitrión, presenta las sugerencias para la comida y resuelve una a una nuestras dudas.

Debo hacer un alto. Los alimentos, el maridaje, la música, la compañía, son una vivencia magnífica. He decidido disfrutarla, y ya por la tarde seguir con mi misión.

## Capítulo XIII
## Tercer Cuadrante: Sistema

Después de la espectacular comida y experiencia en el restaurante, regresamos al Value Learning Center. Al entrar, continúan las sorpresas.

Ya no volvemos a la misma acogedora sala, sino que nos dirigimos a una exquisita terraza orientada para disfrutar el sol de la tarde. La vista, enmarcada por la arboleda, es toda una postal. Es tan hermosa, bella e inspiradora que he decidido agregarla a mi reportaje.

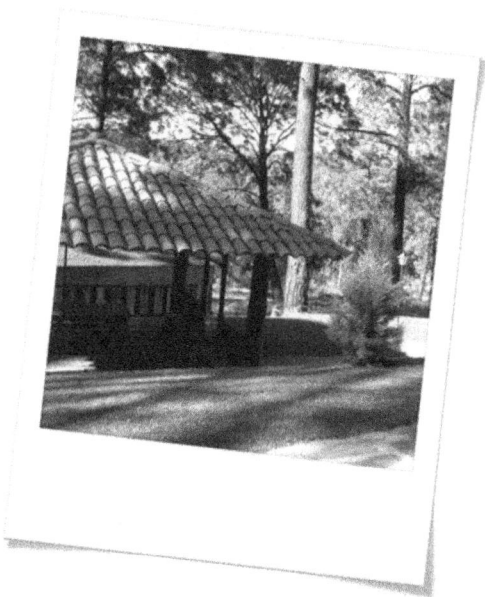

En una mesa esquinada en la terraza nos esperan dos jarras coloridas, supongo que con agua de jamaica y fresa, pastelillos franceses, una cafetera muy moderna con café listo y unas tazas de distintos tonos, grandes, muy diferentes a las usadas normalmente para servir el café; en pocas palabras, unas tazas que invitaban a saborear intensamente el café para seguir con nuestra conversación.

Ana relata un poco acerca de la historia del lugar y algunas anécdotas sobre su construcción. Así, después de este breve *rapport*, continuamos con el Tercer Cuadrante.

—Vicente, sólo quisiera retomar un punto para volvernos a situar y enfocarnos en los temas pendientes.

"La Matriz de Valor ayudará a cualquier organización que desee profundamente ser más eficiente y obtener los mejores resultados ahora y en el futuro, sin importar el tamaño. Tú mismo lo estás constatando porque has estado en contacto con líneas aéreas, hoteles, servicios de taxi e incluso en parte de Ciudad Valor, y has sido testigo de que nuestras palabras son ciertas.

—Como dice Ana —continúa Gustavo—, eso nos sitúa de nuevo en la Matriz. Hasta ahora nos encontramos en su hemisferio derecho, al que llamamos Zona del Conocimiento. Ahora vamos a entrar al hemisferio izquierdo, que hemos denominado Zona de la Acción:

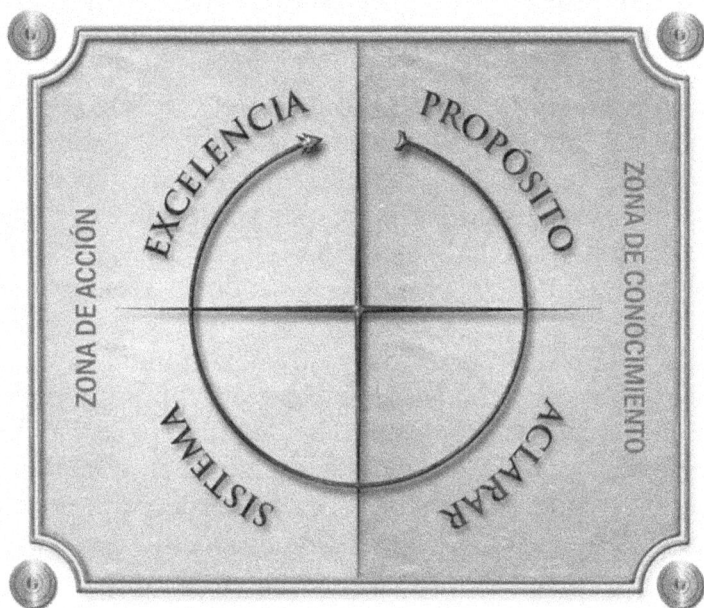

Al preguntar por qué se les llama así, Ana responde:

—Porque hasta ahora no hemos hecho más que conocer en dónde estamos parados. Es justo a partir de este cuadrante cuando generaremos las ideas y acciones para cambiar las cosas, para ser diferentes, para generar más valor y para engrandecer más al ser humano.

—Básicamente, el Segundo Cuadrante se basa en los estudios de Goldratt, y el Tercero en el Toyota Production System —agrega Gustavo.

—¡Ah! Ahora entiendo cabalmente, Jorge, cuando dijiste que Ana y Gustavo habían "integrado" la Matriz de Valor, porque en realidad es una integración de mejores prácticas.

—Es correcto —afirma Ana—. En realidad, la Matriz de Valor es una integración de herramientas muy específicas y muy poderosas que, hasta ahora, lamentablemente estaban compitiendo una contra la otra, sin darse cuenta del poder tan grande que generan al colaborar en la secuencia correcta.

—Yo te puedo decir, Vicente —agrega Jorge, dejando su taza de café y acercándose a mí—, que la Matriz de Valor no solamente es trasformadora por las herramientas que utiliza o por su secuencia de etapas. Sus tremendos resultados van más allá de eso.

Su emoción sorprende a todos, desbordante, envolvente.

—La Matriz es poderosa y transformadora por la esencia, por el propósito, por la disciplina y por la sencillez con las que tremendas metodologías se han concretado a un grado en que prácticamente cualquier persona se puede se puede valer de ellas, con enormes beneficios, en cualquier tipo de organización

—Vaya —suspiro en tono reflexivo—. Ahora sí que estoy sorprendido. ¿Cuántos recursos no se gastarán demostrando que A es mejor que B?

—Sí, Vicente. Claro que en cada método se han invertido muchos recursos, pero más allá de esto, lo lamentable es que, tan pronto aparece un nuevo método, muchas organizaciones pretenden adoptarlo sin haber profundizado lo suficiente en él o sin que éste haya madurado, simplemente se toma y se lanza "la nueva ola".

—Pero, en fin, ese es un tema que podremos abordar durante un café, ¿no crees?

—¡Claro! Continuemos.

Con voz firme y tomando un respiro profundo, como preparandose para darme a conocer una de las partes mas importante, comenta:

## Tercer Cuadrante: Sistema.

—Como explicamos, ahora estamos en el lado izquierdo, el lado de la Acción, el del cambio profundo, verdadero y transformador.

"El objetivo de este Cuadrante es detonar e implementar las ideas más necesarias e impactantes para mejorar u optimizar de manera ágil, radical y positiva cualquier organización.

"Aquí vamos a dilucidar cómo podemos iniciar un cambio verdaderamente transformador de fondo organizacionalmente. Guiados por herramientas simples y poderosas, encontraremos las respuestas y soluciones para ello. Las mejores y más valoradas invenciones que enriquecen al mundo en términos de Valor Agregado se desarrollan aquí, en el Tercer Cuadrante.

—También es importante que sepas, Vicente —subraya Ana—, que los procesos de cambio que llevamos a cabo son incluyentes, es decir, siempre se realizan con base en un formato estilo taller de trabajo donde participan diversos actores de la organización. Este Equipo Solución, como lo llamamos, hará posible la transformación para el resto del organismo prácticamente en menos de una semana. Los procesos incluyen de tal manera a los distintos niveles jerárquicos y componentes, que el equipo puede *garantizar* a la organización que el cambio ocurrirá. No queremos equipos "que–hagan–su–mejor–esfuerzo", sino verdaderos líderes transformadores.

"Es por ello que en este Cuadrante observaremos unos pocos principios más.

> **Principio 1. Todos contra el problema y ninguno de nosotros contra nosotros.**

Ana inicia a exponer con mucha seguridad:

—Los métodos, productos o servicios fueron diseñados por alguien. Son operados por alguien. Los procesos de mejora implican modificaciones y ajustes: indiscutiblemente habrá que cambiar ciertas cosas.

Se acerca a la mesa y toma un poco de agua.

"Es lógico que este cambio nos moverá de nuestra zona de confort, del lugar o actividades que nos acomodan porque estamos acostumbrados a ellos. Es posible que la transformación nos lleve a situaciones desconocidas: aquí es donde las personas generan miedo o, en otras palabras, temor a lo desconocido.

Asiento convencido. Gustavo añade:

—Ahora bien, si ya sabemos que un proceso de cambio puede generar estrés por el temor a lo desconocido o por movernos de nuestra zona de confort, y que otras personas llegan a sentirse ansiosas o incluso amenazadas, entonces debemos usar herramientas que permitan liberar esa tensión y ansiedad.

—Y es aquí donde cobra vida el Principio 1, ¿es así? —agrego.

—Exacto —dice Ana.

"Una clave que distingue procesos de cambio es la certeza de que ninguno de los participantes en el proceso de mejora será atacado o cuestionado, es decir, todos los integrantes aportan para eliminar el problema, eliminar el desperdicio, eliminar el No Valor Agregado, y ninguno de los integrantes va contra el mismo equipo.

—Esto hace que toda nuestra fuerza, mejor intención y energía se enfoquen en eliminar el No Valor Agregado y no en neutralizarnos a nosotros mismos, ¿es claro? —concluye Gustavo.

—Sí, es claro. Típicamente, en los procesos participativos de cambio se suelen "señalar" personas, las reuniones se vuelven un mercado de pretextos, justificaciones, alboroto e incluso hasta insultos y finalmente, después de 2 horas de discusión, las personas salen molestas y sin haber resuelto el problema —describo, acordándome de "unas cuantas" ocasiones como esa.

¡Esas situaciones son realmente desesperantes! —responde Jorge—, pero cuando la perspectiva es que estamos para solucionar el problema, ¡todo cambia!

—Como ves, es un principio muy simple, sin embargo, es la clave para el éxito —señala Gustavo—. Dejando el Principio 1, vamos ahora al...

Principio 2: No hay jerarquías.

—En los Procesos de Solución del Cuadrante Sistema, es vital involucrar a personas que integren los diversos procesos, es decir, de cada uno de los "departamentos", como se suele decir —comenta Gustavo—. Diferentes niveles jerárquicos, desde el director general hasta los operadores, todos se reúnen para mejorar el proceso.

"En el caso de la ciudad, estas reuniones fueron un momento clave y fundamental, porque se propició un ambiente en donde se dejaban de lado las jerarquías, y en ese momento todos tenían el mismo valor, todos estábamos reunidos con el mismo objetivo, todos sabíamos y entendíamos que las ideas de mejora emergerían y podrían venir de cualquier persona. Como ves, involucrar diferentes roles hizo la diferencia.

—¿Y en estas reuniones se involucró al personal operativo? —pregunté incrédulo.

—Seguro. Son operativas las personas que día a día sufren o viven el proceso, y que están más interesadas en que las mejoras se den. Ellos saben muy bien qué tipo de acciones tomar, y además ellos son los que harán que las cosas sucedan.

—Pero, ¿quién otorga las autorizaciones, si no hay jerarquías? ¿Quién determina si la mejora es ideal o no? —pregunto incómodo, pues yo vengo de una organización donde todos luchamos por jerarquías cada vez más altas.

—¡Ah! Excelente pregunta, me place cuánto se cuestiona el modelo. ¿Sabes por qué?

—Mmmmm... —hago un gesto, esperando...

—Porque hay ocasiones en que sabemos la respuesta, y también hay ocasiones en que no la sabemos y eso nos da la oportunidad de mejorar y aprender — contesta Gustavo con la mayor tranquilidad del mundo. Estoy sorprendido, estos son nuevos paradigmas.

"Verás, una acción es determinada mediante los indicadores de éxito. Si el indicador de éxito es igual o mayor al objetivo buscado, entonces es lo ideal, y la autorización final la otorga el Equipo Solución.

—Por esto —agrega Ana—, fue fundamental el facultamiento que se le dio al Equipo Solución para tomar la mejor decisión. Además, el "tomador" más importante de decisiones estaba típicamente dentro del Equipo Solución, lo que convierte esto de las autorizaciones en mero trámite.

—Muy bien, pero ¿cuáles son los indicadores de éxito del Cuadrante Sistema?

—Todo a su tiempo, ya llegaremos. Recuerda, primero contexto, luego contenido —advierte Ana.

—Resumiendo entonces —continúa Gustavo—, es importante que en todo Proceso de Solución se eliminen las jerarquías, pues de no hacerlo se inhibe que toda la diversidad de personas explore y explote al máximo su capacidad creativa y de solución, ¿estamos?

—Ok., sí, adelante.

Ana retoma la palabra y comenta:

> Principio 3: Nadie perderá el trabajo a causa de una optimización de procesos.

—¡Caray! Este principio me parece increíble. Digo, aún no sé nada de él, pero lo juzgo sumamente atrevido.

—Y lo es. Al principio, fue uno de los que más trabajo tomó para ser bien aceptado por el *Equipo Pionero*.

"¿'Equipo Pionero'? Hasta ese momento no había escuchado nada al respecto, ¿a qué o quiénes se referirán? Bueno, quizá al rato sale", pienso.

—Imagínate, Vicente, que estás en un proceso de cambio e invitas a 10 o 20 personas a formar parte del Equipo Solución, y desde el inicio se comienza a hablar de que "se haga más con menos", y dentro de ese "menos" pudieras estar ¡tú! Además, sabes que los resultados de implementar la Matriz de Valor, muestran aumentos la productividad y que lo que antes se hacía en una semana con 10 personas, ahora puede ser hecho en 2 días con la mitad de las personas.

"Imagina, además, que tienes una esposa y 2 hijos a quienes alimentar, dar hogar y educación, y posiblemente un crédito hipotecario y el pago de tus dos coches. Dime,

Vicente, ¿cómo te sentirías? ¿Cómo irías de contento a meterte en un Proceso de Mejora sabiendo que te puedes quedar sin trabajo? ¿Qué te dice tu instinto?

—Pues así como lo pones, hasta calor siento por la preocupación. Claro que no daría el 100% en el Proceso de Solución. Es más, a lo mejor hasta me reservaría ciertas ideas de mejora... Para acabar pronto, siendo honesto, ¡protegería mi trabajo!

—¿Ves por qué es tan importante este principio para la generación genuina de ideas? —me pregunta Ana.

—Si–sí, lo veo —vacilo al hablar—. No me lo tomen a mal, pero cuando hay re–estructuraciones o situaciones difíciles, lo primero que hacen todos los directivos es recortar el personal, bajar su carga de pago de mano de obra y empleados de confianza para que la empresa cuente con más dinero. Entonces, bajo la óptica del Cuadrante, ¿en dónde está el ahorro para las empresas y organizaciones? Porque un ahorro importante serían los sueldos y salarios.

—¿Recuerdas que habíamos hablado de Pensamiento Pobre y Pensamiento Rico?—, dice Gustavo.

—Sí, si lo recuerdo bien—, agrego.

—Bueno, alineados a estos dos pensamientos hay dos mundos. Por un lado está el Mundo de los Costos, donde las empresas constantemente se están preocupando por bajar el costo de todo para ganar más: compran menos clips, lápices en lugar de plumas, despiden al personal, apagan el 35% de las luces para no gastar, ya no hacen fiestas de fin de año porque sale caro, etc. En el lado opuesto está el Mundo del Truput.

—Ah, sí, ¿el mismo que aparece en el Cuadrante *Aclarar*? —digo con certeza.

—¡Correcto! —afirma Gustavo.

"El Mundo del Truput no es un mundo de derroche, no te confundas. En el Mundo del Truput buscas la optimización del *hacer*, independientemente de que sea un producto o servicio, y explotas al máximo ese *hacer*, en otras palabras, Duplicas tu eficiencia, duplicas tus ventas y duplicas, por lo menos, tus utilidades.

"Y cuando haces un análisis te das cuenta de que reducir tus gastos operativos, que incluyen sueldos y salarios, no te trae tantos beneficios como *eficientar y vender*, pero poner esto en práctica, mi estimado Vicente, requiere mucha, mucha más información y formación, misma que con gusto podemos compartir en alguna otra ocasión. Por ahora, ¿ya entiendes porque en el Cuadrante *Aclarar* usamos la Contabilidad de Truput?

—Sí, con esto me doy una idea bastante clara, y en verdad me dejan la inquietud de investigar más al respecto —agrego, sorprendido.

—Genial, genial —expresa Gustavo, cediendo con toda caballerosidad la palabra a Ana.

—Para cerrar, te platico que las organizaciones de Cuidad Valor han implementado este principio y lo que logran es, al menos, duplicar su capacidad instalada, de producción o atención —en el caso de servicios— con la misma gente: gente que típicamente lleva mucho tiempo en sus empresas, que conoce los productos, que tiene un vínculo... ¡gente valiosísima!

"Es más, hay empresas que han quintuplicado su productividad, es decir, con la misma gente producen ¡5 veces más! Es asombroso, y todo, *todo* el personal sigue aportando y aportando ideas de mejora que eliminan el No Valor Agregado al saber que no perderá su trabajo por una optimización.

—Pero, ¿qué pasa con el personal malo? Con aquel que en toda organización existe, que se rehúsa al cambio. Tú sabes, los que, en pocas palabras, detienen el progreso o que preferirías que estuviera con "la competencia".

En ese momento, Ana, Gustavo y Jorge se miran con una sonrisa tranquilizadora.

—Te respondo —dice Ana...

—No espera —interrumpe Jorge—, permíteme hacerlo yo. Este aspecto me encanta, por todos los ejemplos que he visto en diferentes sectores.

"Mira, en estos procesos participativos, las personas enfocadas en las mejoras destacan de inmediato. Del mismo modo te puedo decir, mi amigo, que las personas a las que no interesa cambiar o que, como dices, detienen el progreso, se van de la compañía por su propia iniciativa. La energía positiva de cambio es más fuerte que la de ellos, y en gran medida esto es lo que sucede.

—¡Vaya!

—Bien dicho, Jorge —aprueba Ana—. Así, el Equipo Solución tiene la mente tranquila y sus necesidades básicas cubiertas.

—Vamos entonces al   siguiente principio.  —indica Gustavo, quien toma la palabra y comenta:

> **Principio 4: Selecciona la opción que elimine más No Valor Agregado.**

—Por fin llegamos a este término —interrumpo a Gustavo—. De camino a Ciudad Valor, conocí a una persona quien me insinuó algo de esto, y también dijo que cuando fuera el momento adecuado lo entendería.

—Recordando un poco, en Propósito comprendiste a dónde quieres llegar y cómo a través de los procesos. En Clarifica comprendiste cómo ganas y cuál es tu restricción dentro de tus procesos. Ahora, en Sistema te encargarás de que tu proceso sea lo más eficiente posible, es decir, que tenga el menor tiempo de No Valor Agregado

Todos reímos. Gustavo continúa:

—Valor Agregado es, para ser precisos, el conjunto de actividades que *transforman* el producto o servicio que se ofrece.

Por el contrario, el No Valor Agregado comprende todas aquellas actividades y tiempo empleados que *no transforman* el producto o servicio.

—¿Nos sigues, Vicente? —pregunta Ana.

—Por supuesto.

—El principio para elegir las mejores soluciones a ser implementadas —prosigue Gustavo— es que tomes aquella que elimine más No Valor Agregado. Al hacer esto, con toda seguridad el tiempo de respuesta será mucho más corto, tu capacidad de producción o de servicio se incrementará, la complejidad se reducirá, tus ventas aumentarán y ganarás más ahora y en el futuro. Simple y claro —chasquea sus dedos Gustavo.

"*Transformar* fue y ha sido la palabra clave en esta ciudad, mi estimado Vicente —. Escribe en el pizarrón T—R—A—N—S—F—O—R—M—A—R, circulándolo y subrayándolo.

Sin más preámbulo, Gustavo le pasa la palabra a Ana, quien comenta:

> **Principio 5:** Haz que las cosas sucedan de inmediato, aprovecha la energía alta.

Me da un tiempo para anotarlo y expone:

—Dentro de los Procesos de Solución se genera una altísima energía. Todos están ahí para atender y mejorar un proceso, todos están enfocados en un mismo objetivo, el objetivo que *Aclarar* ha señalado con el más grande beneficio y menor esfuerzo. Cada quien ha puesto su entusiasmo y pasión en cada momento: sus ideas, su conocimiento, su saber hacer, hasta el punto de validar que el Plan de Solución dará resultado y, al menos, alcanzará el objetivo planteado por ellos mismos. Ha sido un proceso en el que han definido acciones concretas y específicas a ser realizadas e, incluso, quién debe realizarlas.

—Vicente —comenta Gustavo acercándose a mí—, ¡es el momento de hacer que las cosas sucedan! Es el momento de aprovechar toda esa energía, intención, voluntad, pasión y fortaleza para hacer que cada una de las acciones aprobadas se realice de inmediato.

"No mañana: *hoy*. ¡Ahora mismo!

Y Ana continúa:

—Hemos sido testigos de empresas que lograron cambios radicales y profundos en sólo 3 ó 4 días, cambios que en el pasado tardaban 3 ó 4 meses en efectuarse.

"Esto Vicente, es una muestra del poder transformador de un equipo que se enfoca en un sólo objetivo con un método en común. El resultado es de magnitudes gigantescas; es por ello que observas el cambio radical de toda una ciudad en tan sólo 6 años. ¡Toda una ciudad!.

"¿Será posible que toda una ciudad pueda cambiar en tan sólo 6 años?", reflexiono, pero yo mismo me respondo que lo estoy presenciando en realidad. Honestamente, me llena de alegría saber que alguien que de verdad quiso, lo logró. Tal vez, el Equipo Pionero del que Gustavo y Ana hablaban está integrado por aquellos que tuvieron la determinación de querer y de lograr.

—Ahora —Gustavo me saca de mis reflexiones—, hablemos de las herramientas de este cuadrante.

## Herramienta 1: Gráfica de Valor Agregado.

—Para poder mejorar es necesario partir de un punto en común que está presente día a día, no importa el giro. Ese punto en común es que siempre estás haciendo alguna *actividad*, y esa actividad sin duda es parte de un *proceso*. Te pondré varios ejemplos.

"Primero, imagina a una persona que acude a una agencia de viajes a contratar un crucero para sus vacaciones. Esa persona está a punto de iniciar un proceso de contratación que tiene un inicio, su entrada a la agencia de viajes, y un fin, la persona feliz por sus maravillosas vacaciones.

"Dentro de ese alcance, el inicio y el fin, se lleva a cabo una secuencia de actividades, algunas de las cuales son:

1. La persona llega a la sala de espera.
2. La persona espera a ser atendida.
3. La persona se sienta ante el escritorio del agente de viajes.
4. La persona explica al agente sus expectativas.
5. La persona escucha las opciones que propone agente.
6. La persona espera a que el agente traiga unos folletos informativos.
7. Ambos conversan respecto a las opciones.
8. La persona espera a que el agente introduzca sus datos en la computadora.
9. La persona decide qué crucero, qué programa y qué fechas tomar para sus vacaciones.
10. La persona espera a que el agente imprima los boletos y las reservaciones.
11. La persona escucha la corroboración de los datos por parte del agente.
12. La persona se dirige hacia la salida de la agencia de viajes.

—Oigan, esto parece muy complicado y tardado, ¿no? —pregunto.

—Bueno, ¿cuánto tiempo inviertes normalmente cuando vas a hacer una reservación o contratación de vacaciones? —inquiere amablemente Ana.

—Mmm... Normalmente, de 45 a 60 minutos.

—Y admitirás que no todos esos 45 o 60 minutos los ocupas en decidir a dónde vas, ¿verdad?

—Es correcto. De hecho, durante mucho de ese tiempo debo aguardar para momentos como los que mencionaste: para ser atendido, para que vayan por la información, para que hagan la impresión de documentos, etc. De pronto, las esperas se vuelven desesperantes —respondo.

Con una voz dulce y tierna, Ana dice: —Claro, y es que estamos sumamente acostumbrados a esas esperas y a que el tiempo pase, cuando en realidad nada de eso transforma el producto o servicio que el cliente espera, que en este caso es salir de la agencia con la mejor opción para sus vacaciones.

"Ahora, ¿estás de acuerdo que en la mayor parte de las agencias de viajes ocurre esta secuencia de actividades?

—Sí, claro.

—Entonces —concluye Gustavo—, hemos cubierto la definición de un proceso:

"Un proceso es una secuencia de actividades que deben cumplirse de forma correcta y en el orden adecuado para satisfacer el objetivo del cliente".

—Ah, muy bien. Me está quedando claro —y asiento con mi cabeza.

—La Herramienta 1 es la Gráfica de Valor, y para trazarla debemos seguir los siguientes pasos:

1. Identificar el Producto o Servicio. No olvides mencionar las características que harán más competitivo a tu cliente.

2. Identificar el *alcance* que vamos a cubrir, desde dónde hasta dónde.

3. Mencionar paso a paso todas las actividades necesarias para transformar el producto o servicio, de una forma clara y en la secuencia correcta, explicitando en cada actividad "quién" hace "qué".

4. Señala el tiempo de la actividad. Buscamos tiempos aproximados, recuerda la Ley de Pareto y el 80/20 que hemos explicado.

5. Identifica con color verde las actividades que *agreguen valor*, es decir, que transformen el producto o servicio. En el caso de la agencia de viajes, sólo decidir qué crucero, programa y fechas transforma el producto que el cliente espera.

6. Distingue con color rojo las actividades que *no agreguen valor*, todas aquellas que no transformen el producto. En nuestro ejemplo, las esperas, los trayectos de un lugar a otro o las verificaciones o corroboraciones no transforman.

"Lo que obtienes es una Gráfica de Valor, una representación visual muy clara de la secuencia de actividades necesarias para cumplir el objetivo esperado por el cliente, y que claramente muestra lo que transforma y lo que no transforma el producto o servicio.

—Esta es una ayuda visual que encontrarás por toda Ciudad Valor —comenta Ana—, donde se observa toda la secuencia para que construyas tu mismo tus Gráficas de Valor.

—¿En dónde puedo encontrar más ejemplos? —pregunto.

—En www.elprodigioww.com —responde Gustavo con su característica sonrisa.

Y entonces objeto:

—Oigan, pero esto de pronto se torna escalofriante, pues si hiciéramos Gráficas de Valor de los procesos cotidianos y comunes, nos daríamos cuenta de que mucho tiempo dedicado a esas actividades no transforman los productos.

—Así es —responde Gustavo—. De acuerdo con estadísticas de empresas de transformación normales en el mundo, 9 de cada 10 minutos dedicados a un proceso típico no transforman el producto.

—¿9 de cada 10? Eso es exagerado, ¿no creen? —refuto con tono incrédulo y quizá agresivo, aunque parece que ellos no lo perciben.

—Pues para que abras más tu conciencia —se dirige Ana a mí viéndome fijamente a los ojos—, las estadísticas de procesos aplicadas a servicios normales, como los que brindan las dependencias de gobierno en el trámite de ciertos documentos o permisos, o las aseguradoras ante algún siniestro, es que 99 de cada 100 minutos invertidos *no agregan valor*.

Hago un silencio profundo mientras entiendo lo que escucho y trato de mantener el enfoque en esas estadísticas. A mi mente llega una cascada de diferentes situaciones en mi vida donde esto cobra mucho sentido. Y agrego:

—Pero esto también implica saber que más o menos 9 de cada 10 minutos de nuestro tiempo no está agregando valor, o bien, que hay miles y miles de personas que hoy efectúan actividades que no agregan valor, o para dejarlo más claro, que no transforman sus productos o servicios.

—Así es —admite Jorge, quien también entiende esto y es sensible al tema—, por no conocer, extender y adoptar esta forma de pensar en el mundo, existen muchísimas personas que hoy gastan su vida en actividades que no transforman el producto final para el cliente.

—Te comparto una reflexión— señala Ana—. En una empresa tradicional que elabora algún producto, ¿dónde se carga más el gasto de nómina: en la operación o en la administración?

—En la administración, por supuesto, porque aunque trabajan menos personas, éstas son las mejor pagadas — respondo sorprendido, pues nunca he reflexionado a este respecto.

—Correcto. Ahora bien: en este caso, ¿en dónde se transforma el producto?

—En la operación, con los obreros. De hecho, ellos son quienes transforman continuamente el producto.

Hago una pausa. Entonces exclamo:

—¡Aaaaah, claro! En empresas regulares se paga más al personal que no transforma el producto que al que lo transforma... y la verdad es que esto aplica para muchos casos.

—A ver coméntanos que viene a tu mente—pide Gustavo.

—¡Claro! —continúo emocionado y confiado—. En el gobierno pasa lo mismo, en las empresas de servicios, en las escuelas, en los hoteles... en numerosas áreas la situación es desequilibrada, porque muchas veces el producto o servicio es transformado por personal de, digamos... "bajo nivel", mientras que el de "alto nivel" se ocupa de otras actividades, consumiendo la mayor parte de los recursos.

Todos me escucharon atentamente. Gustavo agrega:

—De lo que se trata con la Gráfica de Valor es de aclarar el producto o servicio que el cliente espera para ser más competitivo, y de que nos demos cuenta de cuáles son las actividades que transforman el producto y quién lo está transformando, lo que normalmente sucede en el proceso primario, como ya vimos con la Gráfica de Deming. Los procesos soporte deben enfocar su energía y pasión en acciones y soluciones que eliminen de forma ininterrumpida las actividades que no transforman el producto o servicio. Ésta ha sido otra de las claves del éxito de Ciudad Valor.

—Pero sólo hemos visto un ejemplo de la aplicación de la Gráfica de Valor. A mí se me ocurren muchos casos, pero ¿por qué no vemos dos o tres ejemplos más?

—Vicente, hay cientos de ejemplos, pero lamentablemente el tiempo sigue su curso y tenemos marcado un programa, así que te recomiendo que visites www.elprodigioww.com, Ahí podrás encontrar muchos ejemplos que podrás descargar y te guiarán en tu aprendizaje de la Gráfica de Valor, ¿te parece bien?

—Perfecto, yo entraré a la página para conocer más casos y si tuviera alguna duda se las enviaré para aclarar, ¿ok?

—Con gusto Vicente. Tú sabes que lo más importante para Ciudad Valor es compartir el conocimiento que hemos generado, pues nos importa sobremanera que nuestra nación sea cada vez próspera a un ritmo más ágil, y sabemos por nuestra experiencia que, si compartimos el conocimiento, nos volvemos cada uno más creativo e ingenioso —dice Ana.

"Bien, ya hablamos de Valor Agregado. Ahora hablemos de los siete tipos de desperdicio, porque en cada actividad que no transforma el producto o servicio, o como ya aprendiste, que No Agrega Valor, encontraremos alguno de ellos.

Herramienta 2: 7+1 tipos de desperdicio.

—Ciudad Valor, como lo hemos comentado, ha basado su mejora y proyección a gran velocidad en reglas simples que son compartidas entre toda la población y que, sobre todo, son puestas en práctica día a día. Otra regla simple es:

> "Erradica de forma definitiva los siete tipos de desperdicio y asegúrate de que no vuelvan a aparecer jamás".

"Conocer estos siete tipos y tener autodisciplina en cada una de las reglas simples ha cambiado a toda la ciudad, la vida de las personas y logrado esta prosperidad que ves en un tiempo record. Vamos a explicar los tipos de desperdicio.

> Primero: desperdicio de sobreproducción.

—Este desperdicio se hace presente cuando se transforman más cosas de las que el cliente pide o cuando transformamos productos, materiales o servicios que no le son necesarios al cliente.

"Por ejemplo, fábricas que producen de más, 'adelantándose' a los pedidos o para que 'se termine la materia prima que compramos, al cabo que luego se vende el producto'.

—Entiendo —comento—, es algo muy normal en muchas organizaciones. Inclusive en el periódico, pues hay ocasiones en que sobreproducimos facturas o reportajes y jamás se usan.

—Exacto, Vicente —dice Ana, y antes de que continúe hago la siguiente pregunta:

—¿Y cuáles son las causas de este desperdicio?

—Algunas de ellas son:

- Procesos poco capaces o poco desarrollados, es decir, que no se tienen los elementos suficientes para entregar lo debido, ya sea por las personas, maquinarias o métodos que se utilizan.
- Poca flexibilidad o lentitud ante los cambios, porque mucha gente prefiere producir o transformar de más para "protegerse" de ciertas cosas.

Como Ana ve que no tengo problema para entender este tipo de desperdicio, continúa con el siguiente.

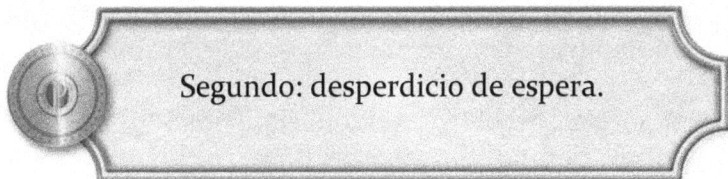

> Segundo: desperdicio de espera.

—El Desperdicio de espera está presente en el tiempo muerto que no transforma el producto o servicio, o en la tardanza o demora en la transformación del mismo.

—¡Claro! Cuántas veces esperamos en una línea a que nos atiendan, o ya nos atendieron y estamos esperando a que vuelvan con una respuesta; cuántos clientes esperan a que les llegue su producto...

Gustavo asiente con la cabeza y también da un ejemplo:

—Así mismo, cuántas veces en sus procesos internos una organización espera a que el producto o trámite pase de un departamento a otro: quien finalmente espera es el cliente. Esto, a la larga, detiene el progreso de las regiones.

—Ah, pues claro —exclamo, pensando en un sinnúmero de ocasiones en las que he esperado, y proyectando esas mismas situaciones a regiones y países enteros que podrían estar mejor si tan sólo el desperdicio de espera hubiera sido eliminado o, al menos, reducido.

Ana prosigue:

—Algunas de las causas que originan el desperdicio de espera son:

- Tiempos largos de cambio de herramentales o de modelo dentro de las empresas.
- Plazos prolongados para la autorización de documentos o toma de decisiones dentro de las organizaciones.
- Pobre entrenamiento o desempeño de los operadores del proceso.

—¡Es sorprendente! —exclamo emocionado—. Pienso en todo el tiempo de espera durante los diferentes procesos cotidianos, desde un trámite en el gobierno hasta la construcción de viviendas, puentes y carreteras, la manufactura de salas y muebles de oficina, etc., Debe de ser desmedido, y lo peor es que los empresarios o directores de organizaciones u oficinas gubernamentales no han sido conscientes de que el desperdicio de espera les está quitando una parte proporcional de sus utilidades o de recaudación de impuestos.

¡Imagínate lo que le cuesta al país el desperdicio de espera!

—Sí, es enorme.

Realmente estoy sorprendido, pues esta herramienta suena muy simple y lógica, sin embargo, ¿por qué no se usa en más empresas? Creo que debo guardar esta pregunta un rato más, pues por la sencillez de la herramienta estamos fluyendo rápidamente. Y sin más comentarios pasamos al tercer tipo.

Tercero: desperdicio de transporte.

—El desperdicio de transporte se conforma por traslados del producto o servicio que pudieran ser evitados, o traslados que no son estrictamente necesarios para la transformación del producto o servicio que el cliente está esperando.

—Reflexiona por un momento, Vicente, ¿crees que cuando te trasladas de un lugar a otro estás transformando algún producto?

—Pues claro que no: voy escuchando la radio o, en el mejor de los casos, algún CD de entrenamiento, pero no voy haciendo otra cosa.

—Exacto, ahora imagínate el tráfico dentro de una ciudad o de una carretera. Más del 95% de esa gente que se está transportando no transforma ningún producto o servicio.

—Claro, ahora veo que todo el tráfico no transforma, es decir, No Agrega Valor. Pero, bueno, muchas mercancías se tendrán que transportar de un lugar a otro.

—Claro, es necesario trasportar gran cantidad de cosas para que lleguen a su destinatario o beneficiario final, pero muchas otras, sobre todo dentro de las instalaciones de las organizaciones definitivamente no deben transportarse físicamente, aunque hasta ahora se sigue haciendo porque no han conocido herramientas que eviten la transportación interna y favorezcan la reducción del tiempo de respuesta y de inventarios en proceso.

—Gracias, Jorge —dice Ana, entusiasmada, y agrega, para mayor claridad:

—Algunas de las causas del Desperdicio de Transportación son:

- Transformar o producir en lotes grandes.
- Desorganización del lugar del trabajo.
- Distribución equivocada de planta.
- Organización basada en departamentos, en lugar de ser basada en procesos, o simplemente estar en edificios donde los "máximos jerarcas" están situados en el último piso y ellos son los tomadores del 80% de las decisiones, lo que implica traslados de documentos, personas y elementos que no transforman el producto.

—Y bla, bla, bla —interrumpo—, nada de eso que acabas de mencionar está transformando el producto de una fábrica y todo eso se va directo a gasto operativo y, por tanto, al incremento de la complejidad de la fábrica y a la inminente reducción de sus utilidades. Voy entendiendo como las reglas simples se ven *complicadas* por la complejidad que creamos al no conocer estas herramientas.

—Imagínate —sugiere Ana— que los empresarios y directores de organizaciones pudieran hacer un alto para analizar a fondo lo que transforma su producto o servicio y realizaran acciones inmediatas para erradicar el No Valor Agregado. ¡El resultado sería asombroso!

—El resultado, Vicente, es Ciudad Valor, y lo estás presenciando —añade Gustavo con enorme emoción.

—Fíjate a qué grado de entendimiento del desperdicio de transporte han llegado los máximos dirigentes de Ciudad Valor —señala Jorge—, que se dieron cuenta de que la ciudad en si es como las líneas de producción de una fábrica. Si éstas son ágiles y sin paros, ¿qué pasa?

—Pues producen más rápido y con mayor calidad, y además se requieren menos recursos para transformar el producto.

—Exacto y si requieres menos recursos para transformar y controlar el producto y además produces más rápido, ¿qué pasa?

—Se crea un doble efecto positivo: las utilidades aumentan por el ahorro o por la eficiencia de los recursos y, además, el ciclo de dinero se acorta, es decir, cobras más rápido y, en resumen, más utilidades.

—Exacto —continúa Jorge—, de igual forma sucede en el ámbito de la ciudad. Si ésta tiene un tránsito ágil como sus líneas de producción o sus procesos organizacionales, la ciudad será capaz de producir o transformar productos de una manera más ágil y más eficiente, lo cual contribuye a que la ciudad genere dinero más rápido. Así mismo, se agiliza la recaudación de impuestos que son aplicados diligentemente en acciones y soluciones que permiten que la ciudad cada vez sea más y más dinámica para llevar a cabo sus transformaciones.

—Piensa en el sector turismo —dice Ana— con la construcción de hoteles, restaurantes y centros de recreación y entretenimiento; en las escuelas de hotelería y de chefs; en las florerías, centros de exposiciones y convenciones. Piensa en el sector industrial con sus fábricas, naves, inversiones extranjeras, desarrollo de parques industriales aeroespaciales, software, hardware. Piensa en el gobierno con trámites cada vez más ágiles que han pasado de meses a minutos. Piensa en las personas y sus familias, cuyo tiempo de transporte se ha reducido a la mitad dentro de la ciudad y pueden estar más tiempo haciendo lo que quieren con sus seres queridos. Todo esto ha venido de la conciencia de la erradicación del desperdicio de transporte.

—¡Vaya! —exclamo sorprendido, y con agotamiento mental por tanto pensar.

Ana lo percibe y propone un *toilet brake* de 10 minutos, lo cual agradezco enormemente, pues hacía años que no pensaba tanto y sobre tantas cosas. Aprovecho para llamar a la oficina, pues con todo lo que ha pasado este día no he tenido tiempo.

Después de los 10 minutos acordados, Ana pide regresar a la terraza. Una breve charla y recapitulación de lo visto con anterioridad y Gustavo continúa.

—Por esto es que las constructoras de obra pública, en principio, fueron pieza clave en la adopción de la Matriz del Valor. Tanto el gobierno federal como el estatal dieron apoyos particulares a aquellas que la adoptaron de una manera clara y evidente, con resultados impactantes en corto plazo, porque ellos son quienes crean las arterias principales de la ciudad, arterias por donde fluye el progreso.

Siendo un tema relevante, Ana agrega:

—Y el resultado es evidente: el sector de construcción ha avanzado de manera impresionante, pues han reducido a prácticamente menos de la mitad el tiempo requerido para la construcción de todo tipo de obra, obteniendo más proyectos a nivel nacional y con un incremento muy abundante en utilidades.

Suspiro muy profundo, pensando en el impacto tan positivo que mi investigación tendrá no sólo para unas cuantas organizaciones, sino para el mundo entero.

Y después de mi suspiro, Gustavo me pregunta si todo está quedándome claro, a lo que respondo afirmativamente.

—De hecho, es bastante simple. Ahora veo por qué dicen que estas herramientas son para todas las personas, no importando su preparación académica.

—Las personas no requerimos de complejidad en nuestras vidas —apunta Ana—, mantener las cosas simples y claras permite que todos ganemos de manera positiva, y si las personas estamos en el mejor lugar para trabajar, esto sin duda se transmitirá a toda la organización.

El siguiente desperdicio lo expone Gustavo:

Cuarto: desperdicio de sobreproceso.

—Es muy fácil observar el desperdicio de sobreproceso una vez que estás despierto y consciente de la importancia de satisfacer al cliente para que éste, a su vez, sea día a día más competitivo. Este desperdicio se refleja en mejoras que no le son útiles al cliente, o cuando los operadores o las máquinas son forzados más allá de sus límites naturales.

"En todo tipo de organizaciones —ejemplifica—, a veces se adquieren equipos para los procesos de soporte sin antes asegurarse de que en los procesos primarios, que es donde se transforma el producto o servicio, esté presente el mejor equipo en las mejores condiciones.

"Es muy común que el área operativa, donde se transforma el producto o servicio, esté muy descuidada, mientras que las oficinas corporativas ostentan un exceso de lujo. Esto es un desequilibrio importante.

Entiendo bien el sentido de esto, por lo que me atrevo a dar un ejemplo propio:

—En el periódico nos pasa esto, pues las oficinas se ubican sobre la quinta avenida en el mejor distrito, sin embargo, los diseñadores y prensa están en condiciones muy malas, y ya no hablemos de los operarios de distribución, quienes tienen muchos problemas.

—Las causas pueden ser muy variadas, dentro de las cuales pueden estar:

- Vaga o poca conciencia de lo que requiere el cliente para ser competitivo.
- Políticas y procedimientos ineficientes o poco aterrizados en el personal operativo.
- Poca atención en dar el mejor servicio o producto al cliente.

—¡Y también desconocimiento de la metodología! —exclamo, expectante por ver la reacción a mi comentario.

Después de un momento de risas y de compartir más ejemplos, continuamos con el quinto tipo de desperdicio.

Quinto: desperdicio de inventario.

—El desperdicio de inventario se encuentra muy propagado en todo tipo de organizaciones. Se da cuando procesas o compras más materiales de los necesarios, existe demasiado trabajo en proceso o hay muchos productos en proceso o terminados en almacén —dice Gustavo.

—De acuerdo con su experiencia, ¿a qué se debe que esté tan propagado? ¡Además de que tantísimos empresarios alrededor del mundo piensen en los inventarios como algo positivo!

—Verás —responde Ana—, nuestra hipótesis es que esa gente ha visto y comprado la idea de que eso es bueno y no ha revisado el otro lado de la moneda, donde tener poco o cero inventario en realidad te hace ser mejor y más competitivo.

—¿Mejor y más competitivo? ¿Qué quieren decir con esto?

—En realidad mucha gente prefiere dejar de ganar dinero y tener grandes inventarios en proceso y en producto terminado porque aparentemente "cubren" lo que nosotros llamamos los "monstruos organizacionales".

—¿Monstruos organizacionales? —inquiero, riendo incrédulo por el término.

—Gustavo es muy divertido y claro para explicar los monstruos organizacionales; creo que le corresponde a él comentártelo.

—Digamos —explica Gustavo— que es una forma irónica de llamar a las deficiencias serias de los procesos organizacionales. Verás: la mayoría de los empresarios quiere "cubrir" con inventarios problemas tales como:

- Falta de proveedores capaces. Prefieren comprar de más porque saben que sus proveedores son poco consistentes y fallan mucho.
- Problemas frecuentes con el mantenimiento. Prefieren tener un inventario sobrante, en caso de que "la máquina falle".
- Poca capacidad para mantener un estándar de calidad. Prefieren incrementar los lotes "para absorber el 3 o 4% de  mermas debidas a problemas de calidad",
- El ausentismo del personal. Optan por tener más personal y producir de más, "por si el personal de tal máquina o de tal proceso falta a trabajar y atrasa el producto o servicio".
- Procesos largos e ineficientes. Entonces compran más material para tener ocupados a todos los procesos en grandes producciones por lotes.

—Y no se dan cuenta de que todo ese inventario es dinero que la empresa u organización no tiene en el bolsillo y que está incrementando el ciclo del dinero. Es decir, dicha empresa u organización requerirá para operar de más y más dinero, lo cual la hace más pesada y menos versátil, y realmente no queremos eso, ¿estás de acuerdo?

Más que irónico, el comentario de Gustavo es claro y revelador: cuántas organizaciones dejan de ver estos "monstruos"... Y respondo:

—Claro, porque mientras más inventario exista, más gastos operativos estarán ligados a su administración, ¡sin contar lo que cuesta ese inventario!

—Correcto. Algunas de las causas del desperdicio de inventario son:

- Cuellos de botella o restricciones sin control o sin ser atendidas.
- Pronósticos inadecuados o poco certeros.
- Y, por supuesto, la ¡decisión de convivir con los monstruos organizacionales!

—¿Y cuáles son los efectos?— pregunto

—Ya se me estaban olvidando, gracias: una constante y creciente necesidad de espacio extra y de recursos, ya sean personas, tiempo y dinero para la administración de los inventarios, del proceso y de los productos terminados, y una gran reducción del dinero circulante.

Ana completa el punto:

—Una de las razones por las que las organizaciones de Ciudad Valor se han vuelto tan competitivas en tan poco tiempo, es porque sus inventarios son cercanos a cero.

—¿Y cómo lo han logrado? ¿Qué tipo de herramientas han implementado para lograr esa reducción?

—Nosotros la hemos llamado *los tres flujos* —responde Gustavo—, y como muchas de nuestras herramientas, ya se han desarrollado y descrito muchos años antes y han sido implementadas con grandes resultados, sólo que no había surgido la iniciativa de aplicarlos a todas las áreas y en todos los tipos de organizaciones. Los tres flujos son:

**Flujo 1: Mano a mano.** Es tener al alcance de la mano la mayor parte de las operaciones para transformar el producto o servicio. Es decir: el transporte del producto no debe exceder la distancia de mano-a-mano entre operador y operador.

**Flujo 2: Una sola pieza.** El flujo de mano a mano es también de una sola pieza a la vez, es decir, que siempre corre pieza por pieza en toda la cadena de transformación y en ningún momento hay acumulacion de trabajo o materiales.

**Flujo 3: Flujo ininterrumpido.** El flujo mano a mano y de una sola pieza debe ser operado de manera ininterrumpida, es decir, no debe de haber paros de circulación, operación o tiempos muertos.

La explicación es simple y clara, y agrego:

—Si mi imaginación es lo suficientemente grande, creo que con estos 3 flujos eliminas los desperdicios de inventarios, de espera, de sobreproceso, de transporte y de sobreproducción.

—¡Claro, Vicente! Ya estas entendiendo la lógica —dice Ana con una franca sonrisa que me invita a seguir.

—Viéndola de esta manera, se vuelve muy sencilla:

- Primero: el objetivo es reducir las actividades de No Valor Agregado de los procesos, porque eso reducirá el tiempo de respuesta, ganando más y más rápido.
- Segundo: ese No Valor Agregado es fácil de identificar, porque hablándose trata de los 7 tipos de desperdicio.
- Tercero: ¡crea soluciones para eliminar los 7 tipos de desperdicios! De ahí vienen los métodos como el de los 3 tipos de flujo.

—¡Vaya! —exclaman todos a una voz.

—Creo que de seguir así, Vicente, te convertirás en un embajador de Ciudad Valor —afirma Ana.

—¿A qué se refieren?—, pregunto.

—Ya lo sabrás. Por lo pronto, continuemos con:

Sexto: desperdicio de movimiento.

—¿No es lo mismo que "de transporte"?

—¡No! Y la diferencia es muy clara y simple —menciona Gustavo con agrado por mi pregunta—. El desperdicio de transporte se refiere al producto o servicio, y el desperdicio de movimiento se refiere principalmente a traslados de personas. Aquí vemos acciones o movimientos de personas que No Agregan Valor o transforman el producto, e incluso acciones o movimientos de personas que ponen en riesgo su salud actual o futura.

Para asegurar que me quede muy claro, Ana agrega:

—Aquí, la ergonomía, o estudio de las posturas adecuadas de las personas, juega un papel fundamental, pues todo lo que hacemos en Ciudad Valor es para ser más personas y mejores seres humanos. Por eso es que tuvimos tantísima atención en erradicar este tipo de desperdicio.

"Por ejemplo, moverse de un lugar a otro y buscar una factura, un documento, un producto, un lote de producción, una refacción, un error, etcétera, no transforma en nada el producto, pero en cambio sí causa un desperdicio de demora o de espera.

—Entiendo. ¿Y cuáles son las causas del desperdicio?

—Algunas de las causas de este desperdicio son:

• Falta de organización en el lugar de trabajo.
• Métodos y forma de trabajo no estandarizados y consistentes.
• Mala distribución física de las plantas de producción o de las organizaciones.

—Y por supuesto —añade Gustavo—, los efectos son personas buscando objetos todo el tiempo, máquinas o equipos y materiales muy distantes y personas caminando en lugar de estar transformando. Todo esto provoca que los operadores y las personas en general se fatiguen o empleen energía y tiempo en tareas que no transforman el producto o servicio. Al final, están muy fatigados sin haber transformado todo lo que podían transformar.

—¿Qué herramientas recomiendan para la erradicación de este desperdicio? —pregunto.

—Estoy seguro de que ya las habrás escuchado —dice Ana.

—¿Ah, sí? ¿Cuáles son?

—Las Cinco S's.

—¡Ah, claro, las Cinco S's japonesas! —respondo sorprendido, pues hace años que yo supe de la existencia de esta herramienta.

—Por supuesto, las Cinco S's son uno de los elementos principales para la erradicación del desperdicio de movimiento.

—Tiene sentido. Si recapitulamos, el objetivo es eliminar las actividades de No Valor Agregado, para lo cual es necesario identificar los siete tipos de desperdicio, y para cada tipo de desperdicio hay que implementar soluciones sencillas y de fondo. Qué mejor ejemplo que las Cinco S's japonesas. Por cierto, ¿pueden recordármelas? —pido.

Ana me regala un separador de libro que dice:

1. Separa
2. Ordena
3. Limpia
4. Estandariza
5. Sistematiza

Y después de entregármelo, agrega:

—Si aplicas y vives día a día las Cinco S's, te garantizamos que tu organización será mejor, pues estarás eliminando el desperdicio de movimiento y además estarás propiciando una cultura de disciplina dentro de tu organización.

> Séptimo: desperdicio de corrección.

—Es fácil de identificar pues se encuentra en productos o servicios que requieren de alguna corrección o retrabajo, o en productos que se desperdician por no cumplir con las características adecuadas.

También, y muy importante, todas aquellas validaciones, verificaciones, corroboraciones y demás sinónimos de acciones que se realizan para "asegurar" las especificaciones del cliente.

—¿Por qué son un desperdicio las verificaciones?

—Porque no transforman el producto o servicio.

—Bueno, pero son necesarias para que el cliente reciba lo que está pidiendo —enfatizo, y Gustavo me responde:

—Hacer esto durante todo el proceso manifiesta desconfianza en la capacidad y estandarización del proceso y del sistema, y finalmente no transforma el producto o servicio.

Y para que de nuevo me quede muy claro, Ana agrega.

—Sí, Vicente —complementa Ana—, la idea es que en lugar de aplicar tu energía e intención en las verificaciones y en tener cada vez más, apliques tu energía e intención en asegurar que el mismo proceso sea cada vez más capaz y más estandarizado, cuidando sobre todo las "entradas" o el inicio de cada etapa.

"Algunas de las causas del desperdicio de corrección:

- Proveedores externos e internos incapaces de mantener consistentemente un estándar de calidad o de entregables.
- Capacitación insuficiente o deficiente.
- Errores de los operadores.

—Las organizaciones —dice Gustavo— deben aprender a tener confianza en sus sistemas y a hacer lo necesario para crear y asegurar dicha confianza. De otra manera comienzan a generar auditores, contralores, inspectores y demás puestos para "asegurar" ciertas intenciones, pero a costa de que las personas que transforman el producto o servicio no tomen plena responsabilidad por lo que hacen.,

"En otras palabras, están solapando la falta de responsabilidad plena por el entregable de cada persona que transforma parte de su producto o servicio, y "subdesarrollan" a esas personas y vuelven pesado y costoso el gasto operativo, lo cual seguro quita competitividad.

"¡Y ahora vamos al pilón!

—¿Al "pilón"? —pregunto sorprendido, pues según mis apuntes ya hemos terminado los tipos de desperdicio.

—¿Recuerdas que hablamos de 7+1 tipos de desperdicio? —refiere Gustavo.

—Ah, sí, ¡claro! —respondo, aunque la verdad estoy ocupando llevando mi mente hacia todas las verificaciones que hacemos en el periódico, y me pregunto: ¿cuánto estamos dejando de ganar tan sólo con este tipo de desperdicio?

Pero todos se quedaron mirándome por mi respuesta tan corta.

—Sí, es cierto —agrego—, ¿a qué se refieren con el "+1"?

—Desde nuestro punto de vista es uno de los más importantes, pues es el desaprovechamiento de la Mente de Obra —dice Ana.

"Sabemos que todos los seres humanos tenemos una gran mente, y que con esa mente creamos obras fabulosas, así que desaprovecharla es un gran desperdicio para la humanidad en general. Y aquí encontramos básicamente tres posibilidades negativas:

1. La primera es no tomar en cuenta a la Mente de Obra, es decir, ignorar las ideas o sugerencias de las personas, no se estimula que todos pensemos y actuemos.

2. Luego, algunas veces se toma en cuenta a la Mente de Obra, pero no se implementan sus sugerencias. Esto lleva a la frustración, pues se usan buzones de sugerencias, círculos de calidad y otras herramientas, pero finalmente no se implementan las acciones.

3. La tercera es que posiblemente se implementen las acciones, pero no se les da un seguimiento adecuado, lo que provoca que las ideas y acciones de mejora se vuelvan obsoletas con el tiempo y simplemente desaparezcan. Con esto, también desaparece el interés de la mente de obra por tomar un rol cada vez más activo en la mejora de los procesos.

Al terminar la explicación de los desperdicios, tomamos un receso, seguimos platicando y contando anécdotas muy divertidas de experiencias en el tema.

Después de unos minutos, Ana nos invita a continuar y, dirigiéndose a la matriz, comenta el nombre de la tercera herramienta:

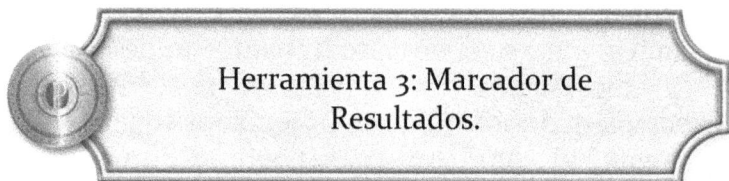

> Herramienta 3: Marcador de Resultados.

—Lo que realmente agrega diversión, acción y mueve a todos a obtener mayores logros es el Marcador de Resultados.

—¿Marcaqué de qué?

—¡Sí, el Marcador de Resultados! Imagínate un partido de futbol o de cualquier deporte sin marcador, ¿cómo sería?

—Pues aburrido, se perdería el interés, no habría tanta gente atraída...

Estoy terminando de hablar cuando en mi mente surge un enorme "¡ajá!", y entusiasmado concluyo:

—...¡y por eso muchas empresas y organizaciones se vuelven estables, cómodas, aburridas, sin movimiento!

—¿Lo ves? Lo que no se mide —afirma Ana— no puede ser mejorado. El Marcador de Resultados es clave para mejorar cada vez y obtener mayores resultados en la ciudad.

Jorge, quien había atendido a la explicación en silencio todo este tiempo, comenta: —De hecho, recuerdo cómo una vez, en un Taller de Mejora, al inicio los miembros del Equipo Solución decían que no era posible el avance que se estaba proyectando. Pero después de 3 días de trabajo e implementación de las mejores propuestas, llegamos a un mejor resultado del que se esperaba.

—Aún lo recuerdo —añade Ana—. Era un proceso del ayuntamiento: el tiempo del trámite antes de la mejora era de 31 días.

—Y ellos habían proyectado bajar el trámite a 11 días —complementa Gustavo—, pero conforme íbamos avanzando les pusimos el reto de 7 días. Y, ¿qué crees?

—Que lo lograron —respondo, expectante.

Y a una sola voz, con la misma emoción como si hablaran de un partido de final de campeonato, los tres contestan:

—¡Sí! Se logró bajarlo a 6 días.

—¡Vaya! Veo la diferencia, pero ¿tendrán algún ejemplo de ese marcador?

Gustavo toma el teléfono que se encuentra en la terraza y pide le traigan un poster de Marcador de Resultados.

Mientras llega el poster, Jorge dice: —Si me lo permiten, aquí en mi *iPhone* les puedo mostrar un marcador de resultados de mi proceso.

Para mi sorpresa es verdad, lo veo con mis ojos, es sorprendente. Entonces entra la recepcionista y con toda amabilidad entrega el poster a Gustavo, preguntando si necesitamos algo más.

Gustavo, me comienza a explicarme uno a uno los indicadores del Marcador de Resultados.

Para no dejar nada de lado, anoto la explicación de los indicadores.

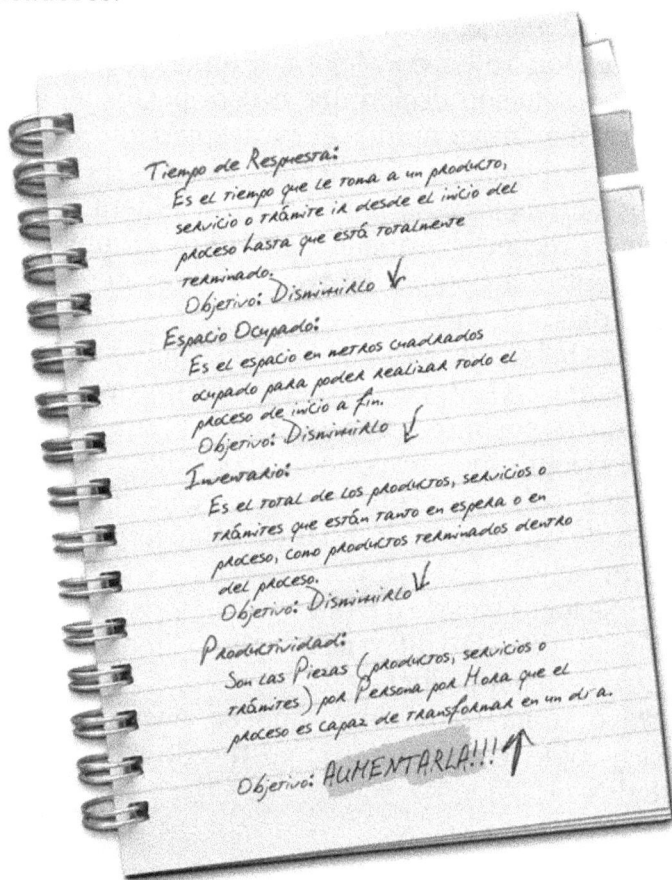

Tiempo de Respuesta:
Es el tiempo que le toma a un producto, servicio o trámite ir desde el inicio del proceso hasta que está totalmente terminado.
Objetivo: Disminuirlo ✓

Espacio Ocupado:
Es el espacio en metros cuadrados ocupado para poder realizar todo el proceso de inicio a fin.
Objetivo: Disminuirlo ✓

Inventario:
Es el total de los productos, servicios o trámites que están tanto en espera o en proceso, como productos terminados dentro del proceso.
Objetivo: Disminuirlo ✓

Productividad:
Son las Piezas (productos, servicios o trámites) por Persona por Hora que el proceso es capaz de transformar en un día.
Objetivo: AUMENTARLA!!! ↑

El ejemplo de Jorge me dejó una inquietud.

—Jorge, ¿por qué *tú* tienes un marcador de resultados? ¿Por qué lo traes contigo?

—Lo traigo conmigo porque soy el responsable de mi proceso, y a través de estos indicadores se mide mi desempeño.

—Ya veo. ¿Cada cuándo lo actualizan? ¿Cómo funciona?

—Se actualiza semanalmente en nuestra junta de evaluación, y como tenemos un solo sistema, todo se hace de manera automática.

—Sí, ya veo. Parecen cosas de otro mundo. ¡Increíble!, si me permiten decirlo. Realmente me convence este enfoque por la disponibilidad y rapidez con que tienen la información.

—Tener un solo sistema, Vicente —explica Gustavo—, facilita la vida para todas las personas. Aquí vemos el caso de revisión de unos indicadores, sin embargo, imagínate: un solo sistema donde puedas consultar todo, proveedores, nóminas, insumos, etc.

—Pues eso es otro mundo.

—De hecho —agrega Jorge—, probablemente mañana en la visita a las  empresas podrás ver en funcionamiento un solo sistema.

—¡Excelente, gracias! Y ahora, ¿con qué seguimos?

## Capítulo XIV
## Cuarto Cuadrante: Excelencia

—¡Vaya! La sesión hasta este momento ha sido encantadora —exclamo—. No recuerdo haber participado en una reunión de trabajo tan reveladora y llena de aprendizaje. Incluso, siento que he aprendido más que en la universidad. ¿Les habían comentado esto antes?

—De hecho, sí —responde Jorge.

—Es normal que mucha gente haga este comentario.

—¿Por qué?

—Nosotros creemos que lo hacen porque existe una gran diferencia entre el Conocimiento Formativo, que es básicamente el que recibes en los colegios y las universidades, y el Conocimiento Transformacional, que es aquel donde se aplica el Conocimiento Formativo —comenta Ana.

—Ah... Ahora entiendo, mucho de lo que ustedes hacen es impulsar el Conocimiento Transformacional.

—Exacto —dice Gustavo con su característica sonrisa.

—¡Pues genial! Porque tengo la sensación de que se invierte bastante tiempo en acumular conocimiento, pero muchas veces esas personas, que incluso llegan a ser doctores, no saben cómo resolver un problema de la vida real con su "PhD". Además, en numerosos "papers" se distribuyen o comunican muchas teorías, pero pocos de quienes las conocen llegan a las organizaciones para sumar su potencia a las personas que están dentro y hacer que día a día las cosas vayan mejor y mejor.

—De hecho, para la extensión y proliferación del Conocimiento Transformacional, nosotros hicimos la siguiente comparación: así como existen las enciclopedias, que en su mayoría contienen una infinidad de Conocimiento Formativo, así también debería existir un mecanismo para difundir de manera universal e instantánea estas experiencias de aplicación del Conocimiento Formativo —dice con firmeza Gustavo.

—¿Y cuál es ese mecanismo? —pregunto.

—Precisamente es el sitio web del que hemos hablado, porque no hay herramienta actual más poderosa y funcional que internet, que en segundos permite obtener información de Conocimiento Transformacional en todas las áreas, lenguajes y aplicaciones que se te puedan ocurrir.

"Podrás constatar que hay regiones y países enteros que han desarrollado un nivel transformacional enorme en tan sólo una fracción del tiempo que les hubiera llevado hacerlo por sí solos, sin compartir este tipo de información.

—¡Vaya! Una red social abierta destinada a compartir la mejora —digo realmente sorprendido, pues jamás imaginé que se pudiera hacer tal cosa, es decir, compartir y ayudar a otros.

—Así es —dice Ana tranquilamente—. Mira, el último cuadrante lo nombramos:

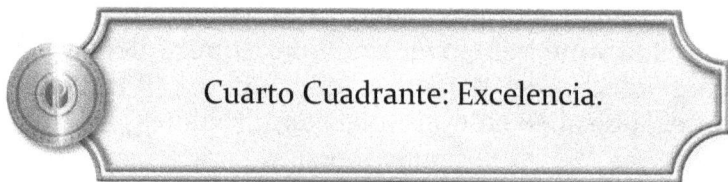

> ## Cuarto Cuadrante: Excelencia.

"Porque una vez que has podido crear un *Sistema* que asegura el logro de tus objetivos de una manera sencilla y consistente, entonces es momento para dar un salto de conciencia y llevar a todo tu personal a otro nivel.

—¿Y aquí también encontraremos Principios y Herramientas?

—Por supuesto, Vicente, siempre encontrarás que la estructuración del pensamiento y de las ideas ahorran tiempo y esfuerzo y dan un resultado más positivo más rápido —afirma Gustavo.

—Genial. ¿Cuál es el Principio 1?

Principio 1: Domina el Sistema.

—Hemos llamado *Domina el Sistema* al Principio 1, y básicamente hace referencia a que antes de pasar al Cuarto Cuadrante tienes que haber dominado por completo el Tercero, *Sistema* —. Y de manera apasionante, con emoción y energía, Gustavo explica:

No debes, ni por error, pensar que al haber "medio implementado" o "medio vivido" el Tercer Cuadrante podrás pasar al Cuarto Cuadrante pensando en que son herramientas que "las grandes o más avanzadas organizaciones están implementando".

—O porque "está de moda" o porque tu "competidor" o "vecino" lo está haciendo —completo emocionado y con la confianza ya adquirida.

—Exacto. Pasar de una manera temprana al Cuarto Cuadrante sin haber dominado, vivido, explotado e interiorizado el Cuadrante Sistema seguramente te llevará a crear confusión y cambios prematuros.

—Lo cual hará que tu organización entre en una dinámica de acción que no le permitirá establecer e interiorizar métodos, y con esto caerás en un Ciclo de Desperdicio de recursos de todo tipo —termina Ana.

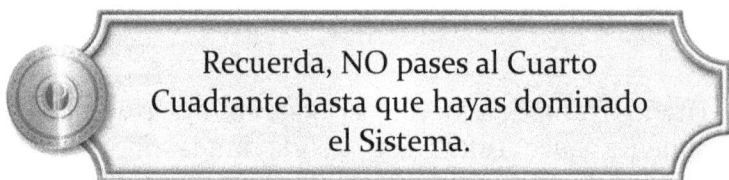

> Recuerda, NO pases al Cuarto Cuadrante hasta que hayas dominado el Sistema.

—Bien dicho, Ana —aprueba Gustavo, agregando:

—En la experiencia de Ciudad Valor, el 80% del incremento de los resultados, cualquiera que sea la industria, giro, organización y estilo de vida, se obtienen con los primeros 3 cuadrantes, los cuales representan el 20% del esfuerzo.

"Muchas personas y organizaciones que han saltado prematuramente al Cuarto Cuadrante se han encontrado con la terrible realidad de que el esfuerzo y recursos para mejorar son superiores al 90%, para sólo obtener, si acaso, un 10% de beneficios.

—¿Por qué sucede esto? —inquiero.

—Principalmente por Cultura y Conciencia Organizacionales.

"Se ha demostrado que, para entender y operar profunda y correctamente el Cuadrante de Excelencia, las personas deben tener un nivel de Cultura y Conciencia que les permita de manera suave y profunda entender, asimilar y ejecutar las herramienta del Cuadrante. Es necesario un contexto más amplio.

"En otras palabras, debes contar con conocimientos firmes para construir este Cuadrante.

Después de reflexionar un poco estas palabras, pregunto:

—¿Cómo saber cuándo pasar al Cuarto Cuadrante? Debe de ser bastante complicado, sólo de pensar en que puedo equivocarme me da pavor. ¿Qué me indica que tengo la Cultura y Conciencia Organizacionales suficientes para dar el salto?

Entonces, Ana se pone de pie y saca de un abanico de rotafolios muy bien organizados y detallados uno que me muestra.

—Mira, aquí se demuestran las 6 leyes para asegurarte que puedes pasar al Cuadrante Excelencia obteniendo un gran resultado.

Y con detenimiento, Ana me explica cada una de ellas.

1. **Enseña:** Todos mis colaboradores enseñan los 7 tipos de desperdicio y Valor Agregado.

2. **Experiencia:** Vivimos al menos por 2 años la implementación y mejora del Cuadrante *Sistema*.

3. **Proceso:** Redujimos en, al menos, 60% el No Valor Agregado en el proceso primario.

4. **Información:** 90% de los indicadores de éxito se consultan en tiempo real.

5. **Cliente:** La satisfacción de los clientes interno y externo ha aumentado en, al menos, 50%.

6. **Autonomía:** 90% de los cálculos para la operación de la organización son realizados de forma automática por los sistemas de información.

—Como ves, cumpliendo estas leyes te aseguras de que, verdaderamente, hayas implementado el Tercer Cuadrante con éxito, demostrando con claridad la mejora.

—Si todas las personas siguen este método —aporta Gustavo—, ellas y sus organizaciones estarán bien preparadas para recibir e implementar, con enormes resultados, la herramienta de este Cuadrante.

—¿Cómo que "la herramienta"? Es decir, ¿sólo es una?

—En efecto, es una sola herramienta, pero sumamente poderosa —dice Gustavo tranquilamente.

"Y también es una herramienta que, por sí sola, ha reportado tanto a grandes corporaciones como a medianas y pequeñas enormes resultados en la mejora fina de métodos, sistemas, productos y satisfacción del cliente.

—Entonces, siempre se sigue el fundamento de la satisfacción del cliente, ¿verdad?—, pregunto.

—Correcto, nunca dejamos de pensar en proporcionar la mejor experiencia al cliente, y recuerda que es tanto hacia el cliente interno como hacia el cliente externo.

—Si trabajas proporcionándole la mejor experiencia al cliente entonces estarás cumpliendo con muchísimas metas —comenta Ana.

—¿Como cuáles?

—Imagínate, con sólo pensar en la satisfacción constante del cliente como piedra angular de la mentalidad personal y organizacional, entonces todos estarán pensando en metas como:

- Que el Cliente reciba al menos lo que espera recibir, sabiendo que la siguiente vez será mejor.

- Que eso que espera recibir cada vez lo ayude a ser más y más competitivo o lo ayude a lograr mejor y más rápido sus metas.

- Que lo que recibe, ya sea un servicio o un producto, cada vez le dé más satisfacción.

"Y así podríamos continuar la lista, pero preferimos que por ti mismo saques tus propias conclusiones sobre la derrama de resultados positivos que trae consigo tomar como piedra angular la premisa de *crearle la mejor experiencia al cliente.*

Reflexiono en todos los casos que conozco en que las personas sienten que su cliente, más que ser un aliado fabuloso, es un enemigo odioso. Qué lamentable y destructivo es pensar que el cliente vive en el error o para "hacer la vida de cuadritos", cuando en realidad puede ser alguien que nos eleve a un mejor desempeño y comportamiento. Más aún, dentro de las organizaciones sucede lo mismo, entre los departamentos se piensa que el cliente, quienes participan en el siguiente proceso o los mismos accionistas nunca entienden y sólo piden cosas estúpidas y fuera de la realidad, o para hacer pasar un mal momento.

Y con mucha seguridad y contagiado de la pasión con la que hablan todos en la sala, tomo la palabra.

—Qué maravilla: pensar que en las organizaciones se siguieran pocos lineamientos universales, probados, que demuestren mejora, como el de *crearle constantemente la mejor experiencia al cliente*. Eso sería algo fabuloso, pues todos tendríamos un objetivo en común.

Lo que puedo asegurar es que, desde este momento y para siempre, decido hacer mío este lineamiento, y los resultados serán asombrosos tanto en mi vida personal como en mi vida profesional. ¿Por qué me es fácil hacerlo?

Porque depende 100% de mí.

—¿Listo para continuar? —me dice Ana.

Yo sigo pensando en los innumerables beneficios que este pensamiento va a traer a mi vida.

—¿Vicente? —repite Ana con una enorme sonrisa.

De pronto me doy cuenta de que me he perdido algunos instantes, y me están esperando para revelarme una gran sorpresa.

—Sí, claro, perdón. ¿Cuál es la herramienta "tan secreta" que tienen en sus manos?

—¿Secreta? No, no es para nada secreta, es muy conocida y poderosa, y es aún más poderosa cuando sabes en qué momento aplicarla.

—¿Y cuál es? —pregunto asombrado.

—¡Seis Sigma! —responde Gustavo.

—¿Seis Sigma? —pregunto aun más asombrado.

—Correcto —confirma Gustavo—. El Cuarto Cuadrante está comandado por Seis Sigma, pero desde la perspectiva de la Matriz de Valor es la implementación de un Seis Sigma que puede ser entendido por cualquier persona dentro de la organización.

—A ver, explícame: ¿entonces ya no existen los *greenbelts* y *blackbelts*?

—Por supuesto que siguen, y hay proyectos de Seis Sigma profundísimos en organizaciones gubernamentales y grandes corporativos donde la seriedad y rigor estadístico son altísimos.

—Seis Sigma es una herramienta que, una vez desarrollada, llegó para quedarse — agrega Ana—. Así lo han venido demostrando las personas que la dominan cada vez más y más, generando miles de millones en ahorros alrededor del mundo. Es por esto que brinda, evidentemente, un sentido de excelencia a los procesos y productos organizacionales.

—Claro —corrobora Gustavo—. Es coherente con el principio de crearle la mejor experiencia al cliente, pues suscita procesos cada vez más controlados, con mayor exactitud, generando tranquilidad sobre los altísimos niveles de calidad tanto de los productos como de los procedimientos.

—Las personas simplemente nos sentimos más tranquilas tanto en nuestro trabajo como en nuestra vida, pues sabemos que los niveles de efectividad y los estándares son cada vez más altos —señala Ana —. Y de esta manera podemos dedicarnos a crear un valor mayor para nuestra sociedad.

Y después de esta breve introducción es Gustavo quien continúa.

—Bueno, veamos los pasos esenciales de Seis Sigma, que son transmitidos a todos los habitantes en Ciudad Valor. Seguramente los habrás escuchado: estamos hablando del acrónimo DMAIC.

Alzo una ceja como quien oye una palabra que jamás en tu vida había escuchado.

—DMAIC viene de Definir, Medir, Analizar, Mejorar (en inglés *improve*) y Controlar. Con estas sencillas acciones utilizadas como un método, es decir, siempre en el mismo orden y con la profundidad requerida, podrás estar seguro de que tus resultados alcanzarán un nivel de excelencia en el corto y mediano plazo.

—Pero si con este método de DMAIC puedo alcanzar la excelencia de manera asegurada, ¿por qué no hacerlo desde el inicio y de inmediato? —inquiero desde mi lógica.

—¡Cultura y conciencia! Recuerda que el mayor enemigo es la tentación de brincar de repente a algo muy prometedor —advierte Gustavo.

—Pero a muchas organizaciones les ha resultado —insisto.

—Claro, porque esas organizaciones tienen niveles elevados de cultura y conciencia como común denominador, y han venido trabajando con herramientas de cimiento desde décadas atrás.

—En otras palabras, estas organizaciones dominan el Sistema —aclara Ana, ante mi evidente expresión de duda.

—Ya entiendo: estoy cayendo en la trampa de "aventarme" de repente y obtener los mejores resultados de inmediato.

—Eso, en verdad, es un gran espejismo. La Matriz de Valor ha demostrado a las organizaciones que la siguen resultados asombrosos, siempre y cuando haya sido implementada de manera metódica.

—Ok. Pero, díganme: ¿cómo o cuándo se utiliza Excelencia?

—Una vez que tienes tu Sistema operando de manera continua, ininterrumpida y con altos estándares de productividad y calidad —expresa Gustavo—, entonces usas Excelencia.

"Y lo utilizas a manera de metodología base para realizar y regir Proyectos de Mejora, tanto de los procesos como de los productos. Es decir, se logra la Excelencia o, en otras palabras, la perfección mediante la utilización del método Seis Sigma, ¿correcto?

Asiento con la cabeza. Ana continúa.

—De esta manera, todas las personas dentro de la organización saben que este método sirve para alcanzar los más altos niveles de estandarización o de calidad, dependiendo a lo que lo enfoques.

"Por ejemplo, una gran parte de las organizaciones lo utilizan para establecer sus niveles de calidad. Es así que encontramos:

- Hospitales con nivel Seis Sigma en diagnósticos.
- Gobiernos con nivel Seis Sigma en trámites.
- Empresas de manufactura con nivel Seis Sigma en entregas a tiempo.
- Empresas de servicio con nivel Seis Sigma en parámetros de velocidad de atención.
- Empresas de transformación con nivel Seis Sigma en calidad de producto.

Los ejemplos y la explicación son claros para mí. Gustavo añade:

—Sin mencionar que, dentro de este tipo de organizaciones, también encontramos niveles de Seis Sigma en sus procesos internos, como entregas a tiempo, calidad, servicio, etc.

"De manera general, podemos abreviar diciendo que primero debes tener el Sistema operando a la perfección para entonces lograr la Excelencia y perfección con proyectos y acciones que te permitan ser único en aquello que tú haces.

"Y esto lo logras mediante la utilización del método Seis Sigma, pero desde un escenario en donde la mayor parte del personal, independientemente del tamaño de la organización, sepa implementar el Seis Sigma, ¿correcto? Asiento.

—¡Correcto! —exclama Gustavo con mucha energía, como si fueran las 9:00 de la mañana—. Nuestra adecuación hace posible que esto suceda.

"Y si las personas saben implementarlo, quiere decir que la organización se verá beneficiada a una velocidad mucho mayor, puesto que todos los individuos sabrán cómo hacerlo.

"Siendo así, las ideas y los proyectos son aplicados a una velocidad mucho mayor, con mejores resultados, pues se evita que los 'poseedores del conocimiento' sean los únicos con las 'herramientas secretas' para mejorar las organizaciones.

—Ajá. Ahora entiendo cómo fue posible que toda una ciudad haya generado en tan poco tiempo los estándares que estoy viviendo. ¡Vaya!, me siento complacido por esto.

—Veamos a detalle los grandes pasos de aplicación simple y poderosa que conforman el DMAIC —continúa Gustavo.

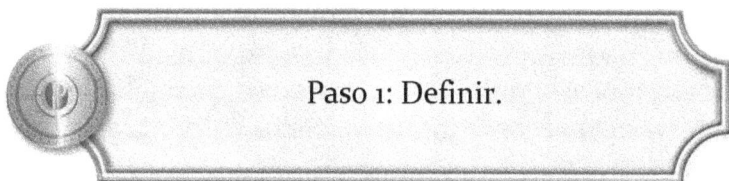

Paso 1: Definir.

—En este paso la organización busca definir de manera perfectamente clara de qué se va a ocupar: puede ser tanto un problema o área de oportunidad como una mejora que se desea realizar, ya sea al proceso, al producto o al servicio.

Algunos ejemplos de lo que se desea definir son:

1. *La historia del problema u oportunidad:* ¿Desde cuándo está presente? ¿Qué acciones se han tomado previamente? ¿Qué resultados se han obtenido? ¿Qué condiciones de vida se presentaron en esos momentos? ¿Qué aprendizajes se han tenido?

2. *¿Cuánto impacto tiene para la organización?:* ¿Es mucho, es poco? ¿Es a corto o a largo plazo? ¿Impacta en los ingresos, imagen, relaciones?

3. *¿Cuáles son los objetivos a alcanzar?:* es crítico que todos los involucrados en un proyecto sepan claramente qué se considera éxito y qué no se considera éxito. De esta forma, los equipos y las personas trabajan sin parar hasta conseguir el objetivo planteado.

4. *El "timing" para el proyecto:* ¿Hasta cuándo tenemos para alcanzar el objetivo planteado? ¿Por qué es importante ese tiempo? ¿A qué ritmo debe trabajar el equipo para considerar el éxito?

También es sumamente importante definir algunas especificaciones, sobre todo cuando se trata de producto. Algunas de ellas son:

1. Especificaciones técnicas: todos los estándares de calidad o de desempeño que deben alcanzarse.

2. Especificaciones de apariencia: definir claramente cómo debe lucir o percibirse el producto o proceso.

3. Especificaciones de concepto: cómo acercarse a lo que las personas u organizaciones

consideran que está en sintonía o armonía con el concepto de su marca.

4. Especificaciones de costo o inversión: aclarar los límites permisibles de inversión del proyecto o de las acciones necesarias para tener la solución.

5. Especificaciones de operación: premisas bajo las cuales operará la solución. Por ejemplo, en Ciudad Valor, una especificación de operación es que se reduzca el mayor No Valor Agregado posible.

—¡Vaya!, pues es bastante todo lo que hay que definir —exclamo.

—Sí, pero eso no es todo —agrega Gustavo—:

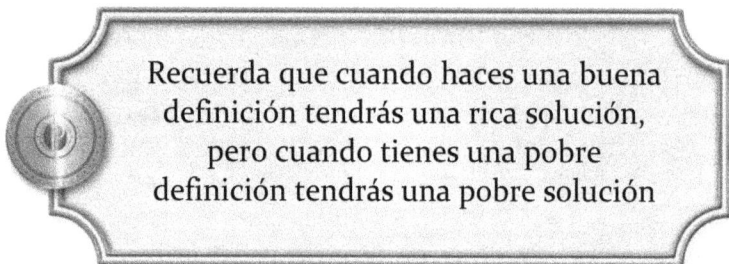

> Recuerda que cuando haces una buena definición tendrás una rica solución, pero cuando tienes una pobre definición tendrás una pobre solución

—Ahora entiendo cómo todo se acomoda en una estructura lógica cuando hacemos el Diagrama de Deming del proceso que transforma el producto o servicio —digo, sorprendido de mí mismo.

"Haciendo este Diagrama quedarán claros tanto el proceso primario como los procesos soporte y productos y clientes.

Todos son muy respetuosos conmigo y aprueban mis conclusiones.

—Y finalmente —dice Ana—, advirtiendo eso los equipos de trabajo pasan a definir:

1.  El Equipo Solución: aquellas personas idóneas para la solución del problema o logro del objetivo, quienes cuentan con la experiencia demostrada suficiente para alcanzar las metas.
2.  El Código de Honor: los lineamientos que todos los integrantes del equipo respetarán y harán valer para la consecución y logro de cada uno de los objetivos planteados.

—Recuerdo algunos casos que hemos tenido en mi organización. Me doy cuenta de que sólo con conocer estos elementos de la etapa *Definir* encuentro soluciones a muchos de ellos —agrego.

—¡Exacto! Esto es lo que normalmente sucede, así, de manera natural. Lamentable y aparentemente "nunca tenemos el tiempo necesario" para hacer una buena definición, con lo cual estamos dejando de lado la posibilidad de solucionar cerca de 50% de los problemas, tan sólo con este paso —concluye Ana.

—Recuerda no pasar al Paso 2 sin haber agotado todas las definiciones posibles, pues el hacerlo empobrecería los resultados que puedas obtener de los esfuerzos que apliques. Y ahora sí...

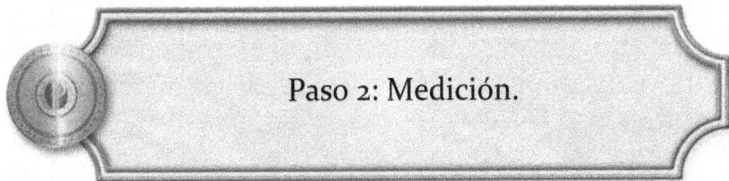

**Paso 2: Medición.**

—dice Gustavo—.

"Lo que a continuación te compartiremos es una secuencia de pasos sencillos y poderosos, que inicia con armar un diagrama de flujo causa–efecto de lo que provoca el problema. Esto lo haces con sencillez, acomodando las posibles causas en forma de "si... entonces...", buscando que tengan sentido.

—Discúlpame, pero no entiendo esto. ¿Puedes ser más claro, por favor?

Gustavo traza el siguiente dibujo.

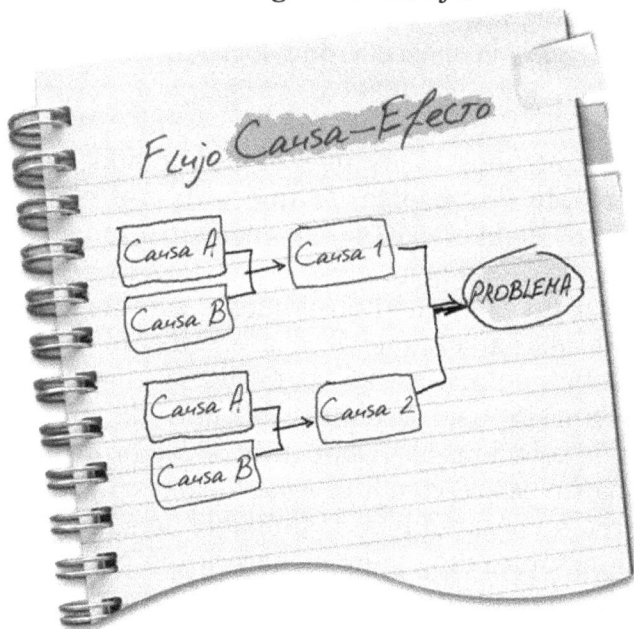

—¿Mejor?

—Déjame leerlo...¡Sí, por supuesto!

—Correcto, esa es la idea principal al graficarlo todo en un flujo causa–efecto —dice Gustavo, reconociendo mi aprendizaje.

—Porque así es como sucede todo en el universo —agrega Ana.

—¿Cómo?

—Así, de manera causa–efecto, pero ese tema lo podremos abordar un una reunión posterior.

—Excelente, pero es un compromiso, ¿ok?

—¡Ok! —dice Ana, y Gustavo continúa.

—También debes considerar la dimensión de cada una de las posibles causas, pues cuando se hacen análisis de este tipo aparentemente todas las causas tienen el mismo peso, lo cual es falso, así que toma un tiempo para darle una dimensión apropiada a cada una de las causas y expresarlo en el dibujo.

Y traza lo siguiente sobre el diagrama.

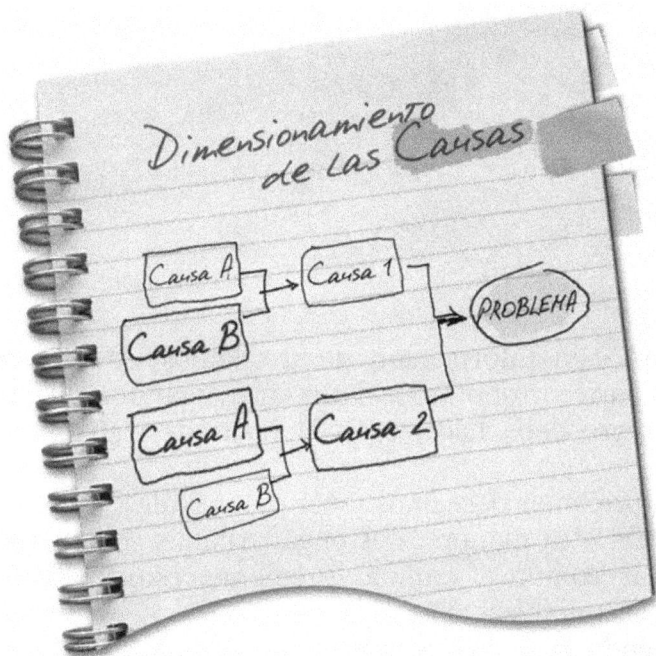

—Una vez que tienes todo organizado en un diagrama causa–efecto ya dimensionado, entonces marcas las principales rutas de solución, o aquellas vías que tengan más sentido entre las posibles causas o raíces del problema y los fundamentos de la mejora.

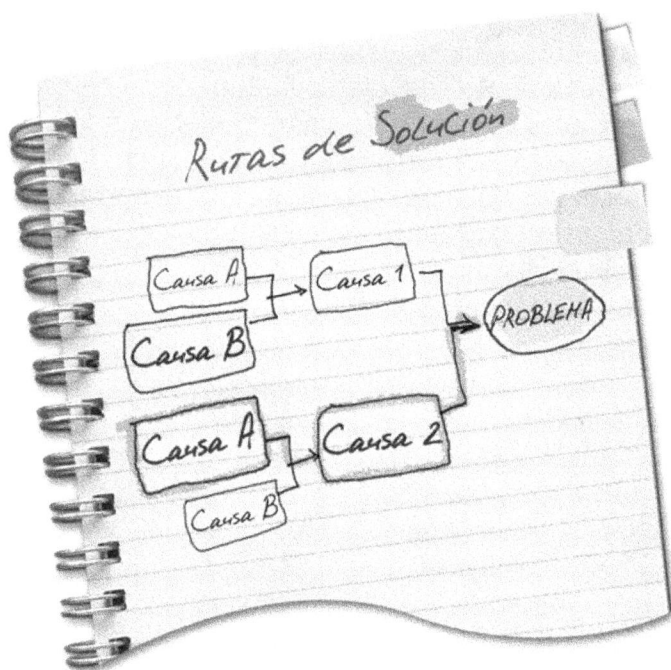

—Y con esta información desarrollamos el plan de muestras para corroborar los datos en el lugar de trabajo.

—¿Siempre debe hacerse en el lugar de trabajo? —pregunto.

—Siempre, pues deseamos tener datos reales, "aunque duelan". De otra manera, nos engañaríamos solos de la forma más común y dañina, y créeme, esto en nada mejora a las organizaciones.

—Entiendo, sé de lo que hablan.

—Una vez hecho esto, nos damos a la tarea de diseñar los formatos y el despliegue de información necesarios para que el proceso de adquisición de datos sea lo más eficiente, transparente y objetivo posible, y todos se enfoquen a ejecutar lo planteado.

Paso 3: Análisis.

—Toda la información del paso anterior es presentada de la manera más sencilla y eficaz posible, utilizando gráficos y colores que permitan que cualquier persona, no importando su nivel educativo, pueda hacer un análisis ágil y coherente de la situación.

—Por esto insisten tanto en no pasar a Excelencia antes de vivir Sistema, ¿verdad? —pregunto, aunque casi estoy seguro de la respuesta.

—Así es —continúa Ana.

"Cuando las personas en la organización han trabajado y demostrado soluciones, evidencian que tienen los conocimientos, habilidades y conciencia suficientes para encarar retos como los que DMAIC les presenta.

—Así es, todo es cuestión de Cultura y Conciencia—, complementa Gustavo

—Con la información recabada —se entusiasma Ana— se hacen varias pruebas, como son:

1. Gráficos para determinar el problema.
2. Comprobaciones de hipótesis para asegurar las conclusiones.
3. Análisis para asegurar que las conclusiones asumidas son las correctas.

"El objetivo final es determinar, con amplio margen de confianza, lo que en verdad está incidiendo en el problema o en el área de mejora antes de pasar al Paso 4.

—¿Cuál es el paso 4? —pregunto ansioso.

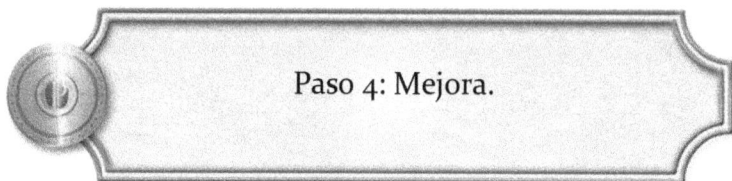

## Paso 4: Mejora.

—Aquí —señala Gustavo— es donde el Equipo Solución, basado en los datos específicos, claros y determinantes que ha obtenido de los pasos anteriores, propone acciones puntuales para asegurar el logro absoluto del objetivo.

—¿Es por esto que el Equipo Solución invierte la mayor parte del tiempo en los pasos anteriores?

—Correcto. Lo que buscamos es que, realizando los pasos anteriores, la mejora sea muy evidente, puntual y certera —responde Ana.

"Es así que los equipos proponen diferentes escenarios y soluciones, y son ellos mismos quienes prevén el escenario que los llevará al mejor resultado esperado. Los equipos no pierden tiempo e implementan acciones a la brevedad posible, anotando y ajustando lo necesario de acuerdo al nivel de éxito que alcanzan al lograr el objetivo.

"Si la solución no cumple con el objetivo, el Equipo Solución se reúne de nuevo, genera nuevas hipótesis y escenarios de éxito y de inmediato se lanza a la mejora hasta lograr el objetivo planteado.

"Como ves, siempre se mantienen una gran energía, dinamismo y entusiasmo, y siempre están orientados al logro de los objetivos. Por esto, en Ciudad Valor se recompensa a los hacedores y no a los 'alborotadores'.

—Caray, creo que sé lo que quieres decir con eso, Ana. Conozco muchos "alborotadores" en mi organización, que sólo se dedican a señalar lo que está bien y lo que está mal, a opinar, a decir qué hacer, a presentar planes, y la verdad es que no recuerdo que hayan demostrado con hechos que las cosas mejoran.

—Ese es el punto —interviene Gustavo—. En Ciudad Valor, lo que más nos importa es la realidad y el tiempo, puesto que de nada sirve que hablemos o planeemos, si la realidad no cambia en un corto plazo en el que seamos capaces de percibir a simple vista que está cambiando.

Todo lo anterior me ha quedado suficientemente claro. Es como un repaso de algunos de los puntos que hemos visto en el Tercer Cuadrante, por lo que agrego: —Así que el Paso de *Mejora* pretende mejorar de raíz y demostrar en el corto plazo que las acciones llevadas a cabo han cumplido su objetivo.

—Es genial, pero, ¿qué pasa al cabo del tiempo? ¿Cómo asegurar que las cosas sigan mejorando?

Y Gustavo, calmando mis ansias, arguye: —Ah, bueno, ese es el último paso, Controlar.

Paso 5: Controlar.

"Efectivamente, el objetivo del Paso 5 es asegurar que la mejora continúa, al menos a los niveles que nosotros esperamos. Las herramientas necesarias para conseguirlo son:

1. *Gráficas de Control,* donde los operadores del producto o proceso conozcan minuto a minuto el comportamiento de la mejora.
2. *Procesos a Prueba de Errores.* Una vez que la mejora es implementada con éxito, los mismos operadores o colaboradores se reúnen para

desarrollar métodos, herramientas o dispositivos que les aseguren que no habrá errores.

3. *Planes de Control,* que no son otra cosa que acciones a llevarse a cabo en caso de que alguna eventualidad, problema o desviación aparezca. Con esto, los equipos de trabajo saben de manera anticipada qué hacer.

Gustavo da un respiro. Ana toma la palabra.

—Claro que, a este nivel de Cultura y Conciencia, las organizaciones saben perfectamente que ninguna acción debe solamente implementarse y dejarse a la deriva, sino que siempre es necesario supervisar, dependiendo, claro, del nivel de madurez y cultura.

"Como decimos aquí: 'una orden dada, no supervisada, es una bobada'.

—¡Vaya! Creo que es un buen momento para decirles que, aunque no soy un profesional en las herramientas que han mencionado, la gran mayoría las conocía de manera aislada, por mi trabajo de reportero. Pero ustedes han logrado darles un orden, una secuencia que desata un poder inmensamente mayor al que cada herramienta por separado ha probado tener.

Y así, se acerca el final de lo que ha sido uno de los mejores días de mi vida, pues realmente he invertido excelentemente bien mi tiempo en todas esas experiencias, aprendizajes y vivencias.

Ahora tengo un contexto amplio y mucha claridad sobre las herramientas y metodologías necesarias para lograr semejante cambio. Ya ansío regresar a mi cuarto en el hotel y comenzar un reportaje que, con toda seguridad, hará historia y trascenderá en muchas personas.

Pero la reunión no termina aquí. Como es época invernal, Ana, Gustavo y Jorge me invitan a regresar a aquella acogedora sala de piel color vino. Para mi sorpresa, la gran chimenea en una de las esquinas de la sala está encendida, esperándonos para seguir un rato más con la plática.

Llega una señorita, a quien yo no había visto antes, y nos trae un rico ponche, humeante y aromático por las diferentes frutas que contiene.

La plática sigue por una hora más, enfocados a conocernos todos más desde lo humano, compartiendo anécdotas y experiencias formidables.

Y como todo llega a su fin, me despido de Ana y Gustavo con un fuerte abrazo, haciendo el compromiso de regresar.

Jorge me lleva de regreso al hotel. En el camino nuestra charla es deliciosa, aunque como ya estamos algo cansados, al llegar simplemente quedamos de vernos al día siguiente para efectuar las visitas a los empresarios.

Ya dentro de mi habitación, reviso algunos pendientes y tomo un delicioso baño caliente. Me comprometí a comunicarme a la oficina, aunque son ya cerca de las 7:00 p.m. y no tengo muchas esperanzas de encontrar a Ernesto. De cualquier modo, como es un compromiso, hago la llamada. Paty contesta amablemente; después de saludarme y preguntarme cómo va todo, me comenta que Ernesto no se encuentra, y que puedo dejar un recado.

—Bueno, Paty, dile por favor que me está yendo magníficamente, que mi intención, enfoque y atención están en hacer un reportaje claro, sincero y trascendente.

—Muy bien, suenas muy emocionado —me dice—, ¿con quién te has reunido?

—Todo el día de hoy me reuní con los propulsores de la Matriz de Valor —respondo con naturalidad.

—¿Matriz qué? —pregunta sorprendida.

—Matriz de Valor, Paty. Es la metodología que han utilizado para llegar a ser una de las mejores ciudades para vivir. Si gustas, cuando regrese por allá te mostraré fotos y te platicaré más a detalle.

Me despido de Paty, reiterándole que le diga a Ernesto que todo está bien, y comienzo la redacción de uno de los mejores reportajes que he hecho en mi carrera.

Son cerca de las 11:00 p.m. cuando decido dormirme. Mañana me espera un día realmente intenso; por lo que me dice Jorge, tendremos más actividad y entrevistas con más personas.

Pongo mi cabeza en la almohada, y...

## Capítulo XV
## Aplicación de la Matriz de Valor en la empresa

El sonido del despertador me despierta con un sobresalto después de un profundo sueño. Son las 5:20 a.m., y me preparo para ir al gimnasio, como todas las mañanas.

Después de terminar mi rutina y arreglarme, bajo al restaurante. Daniel, el mesero que me atendió ayer, me saluda amablemente y me pregunta cómo ha sido mi estancia en la ciudad.

—Muy bien, Daniel, todo el día de ayer estuve comprendiendo la Matriz de Valor.

—¡Excelente! La Matriz es la clave de la solución y éxito de todo lo que se ha implementado en Ciudad Valor.

—Déjame preguntarte: ¿tú entiendes toda la Matriz de Valor?

—Entiendo y comprendo todos los cuadrantes, pero para ser sincero, el que me queda más claro y comprendo mejor es el Tercer Cuadrante, Sistema.

—Ah, entiendo. ¿Tú has aplicado las herramientas de eliminación de desperdicio y Valor Agregado?

—Exactamente —y así termina nuestra conversación, pues una pareja ha llegado a desayunar también.

Termino mi desayuno, de nuevo firmo la cuenta que no hubo necesidad de pedir y me dirijo a la salida del hotel para esperar a Jorge, como quedamos anoche.

Jorge llega puntual a la hora acordada. Nos saludamos y el día de hoy tomamos un nuevo camino: el señalamiento dice "Parque Industrial".

En el trayecto del hotel al parque industrial me sorprendo: es la hora pico y no veo mucho tráfico.

—Jorge, ¿qué pasa con el tráfico? Es la hora pico, y que yo sepa hoy no es día festivo ni vacaciones.

—Mira, lo que pasa es que tenemos túneles de alta velocidad que se dirigen a los ocho puntos de mayor afluencia.

"Otro factor son los horarios de las escuelas y trabajo.

—¿A qué te refieres?

—Por ejemplo, las universidades entran a las 6:30 a.m., las preparatorias y secundarias entran a las 7:30 a.m., y primarias y preescolar a las 8:30. Este escalonamiento de horarios permite un flujo de tráfico menos congestionado y con menos cuellos de botella. Las salidas también son escalonadas.

—Ah, por eso la entrada a tu trabajo y al de la mayoría es en las horas completas, como las 7:00 o las 8:00.

—De hecho, Chente, el tiempo máximo para transportarse de un lugar a otro es de 20 minutos.

—Esto sí que es de otro mundo. Esta ciudad tiene casi el mismo número de habitantes que mi ciudad natal, y el tiempo máximo de transporte jamás es menor a 20 minutos.

—Tú lo has visto. Aquí hemos llegado en 20 minutos a una distancia considerable que, probablemente, en otro tiempo nos hubiera llevado el doble, al menos.

—Sí, voy entendiendo el principio de flujo continuo —murmullo—. Me falta comprenderlo en su totalidad y operarlo, pero creo que cuando vayamos con la compañía constructora me quedará más claro.

Después de esta explicación, llegamos a uno de los parques industriales ubicado en la zona y nos estacionamos frente a un edificio que más parece un centro de investigación que una empresa donde se curten y procesan cueros o pieles, que por aquí llaman *tenería*.

—¡Primera empresa! —anuncia Jorge con voz cálida y firme—. Ésta es nuestra primera parada. Tú sabes que, en Ciudad Valor, una fuente importante de generación de producto interno bruto viene de la cadena cuero–calzado, aunque su porcentaje ha venido cambiando y equilibrándose con turismo, convenciones y el establecimiento de *clusters* automotrices y de desarrollo de tecnologías de información.

—Sí —comento—, según mis datos, esto ha cambiado en los últimos años, ¿no?

—Es correcto. Ahora estamos prosperando mucho gracias al cluster automotriz más importante de América Latina, y también los ingresos provenientes del turismo se han incrementado enormemente. Pero en fin, ya nuestros amigos del bloque de servicios, turismo y hotelería se encargarán de contártelo.

Entramos a la las oficinas de la empresa. Es impresionante: parece un gran corporativo internacional, se ve todo en orden y con finos detalles en cada rincón de la sala de espera.

De pronto oímos la dulce voz de una recepcionista: —Pasen, el Sr. Moreno los recibirá en la sala de reuniones.

La sala de reuniones está finamente decorada, con simplicidad y elegancia. Veo imágenes que muestran la transformación de la empresa a través de los años y la evolución de su producto, piel para la industria automotriz.

Iniciamos la reunión con el Sr. Moreno con el típico intercambio de tarjetas. Jorge hace una breve presentación de mi persona, y enfatiza que mi objetivo es escribir un reportaje para el periódico, donde incluiré cifras, casos y testimonios de las personas involucradas en el éxito de Ciudad Valor.

Después de esto, agradezco la atención de recibirme y soy directo.

—Me da mucho gusto estar hoy con usted. El día de ayer me reuní con Gustavo y Ana, y las cosas se me han ido aclarando poco a poco. Sin embargo, tengo algunas preguntas muy específicas que deseo hacerle, si me lo permite.

El Sr. Moreno se porta muy entusiasmado y empático: —Me alegra que estés aquí, muchacho. ¿Te puedo llamar Chente? —a lo que respondo afirmativamente.

El Sr. Moreno pide permiso, abre la puerta y le indica a la recepcionista que llame a Juan.

En pocos minutos llega Juan. El Sr. Moreno lo presenta como un colaborador que estará con nosotros en la reunión, ya que le interesa que escuche el punto de vista de otra persona y, más que platicar cómo ha sido su transformación, me guiará en el recorrido e irá explicando poco a poco, lo que considero muy sensato, pues "hay que ver para creer".

—Pues ya estando todos los que somos, a tus órdenes, Chente, comencemos. ¿Cómo quieres que procedamos?

Pido permiso a los asistentes para grabar la conversación y tomar notas para asegurar la fidelidad del reportaje, a lo que nadie se opone.

—Sr. Moreno —digo—, he sido testigo del enorme crecimiento que ha tenido Ciudad Valor en los últimos 6 años. ¿Cómo han cambiado las cosas para usted?

—Bueno, Vicente, nosotros fuimos unos de los principales detonadores, promotores y guardianes de la Matriz de Valor, y los resultados han sido asombrosos, pues con menos esfuerzo y recursos ahora producimos 3.5 veces que hace 6 años, pasando de tener unas utilidades de 7% a utilidades por encima del 31%. Y una cosa más: seguimos contando con el mismo personal.

—Esto suena muy atractivo. Es más, Sr. Moreno, si me permite decirlo, creo que suena *demasiado* bueno. ¿Cómo es posible llegar a esos niveles de ventas, utilidades y producción? ¿Cuál ha sido su método? ¿O usando la mayor parte de los fondos del gobierno disponibles para apoyo a la industria?

Hago una pausa que refleja mi gran incredulidad.

"¿Cómo fue, Sr. Moreno?

—Bueno, Chente, has hecho demasiadas preguntas en muy poco tiempo, así que las responderé una a una.

Mira hacia arriba, como armando y estructurando sus ideas.

—Mira, nosotros nos cansamos de pedir apoyos al gobierno durante muchos años. Finalmente decidimos irnos por nuestra cuenta y claro que pudimos, aquí están los resultados. Todo esto lo hemos hecho por nosotros mismos, sin intervención de un centavo del gobierno: todo ha sido planeado y ejecutado con recursos internos.

Entonces interviene Juan, el operador de la fábrica que nos acompaña: —Nosotros hemos notado que nuestra competencia tiene un enfoque estratégico, pero que no es compartido en todos los niveles de la organización, es decir, no todos los colaboradores saben claramente a dónde van. Por lo tanto, el enfoque y determinación para cumplir la estrategia aparece, si acaso, en unos pocos, normalmente entre los altos directivos pero no en la gente que tiene el mayor poder para cambiar. Ante la primera adversidad, entonces, dejan "caer la toalla" o se rinden y buscan desesperadamente la siguiente teoría o metodología que "está de moda", y así continúan su búsqueda sin fin de una fórmula maravillosa que los lleve al éxito, sin estar 100% conscientes de su plena responsabilidad, y de que el peor error es andar "picando" de herramienta en herramienta sin llegar a operar una sola.

—Eso responde a la pregunta de los apoyos de gobierno, Chente. En resumen, dejamos de "estirar la mano" y de echarle la culpa al gobierno de nuestra situación. Abandonamos esa posición parasitaria que nos alejaba de nuestra responsabilidad como empresarios y empezamos a hacer lo nuestro. "Debes saber que esa partida económica que el gobierno tenía destinada a apoyos empresariales sí fue utilizada por cientos de empresas de diferentes sectores. Y no sólo de una manera eficiente: además, la partida se cuadruplicó debido a los altos ingresos en impuestos que el gobierno recaudó en los últimos años. Todo debido al crecimiento económico sostenido que hemos generado. Pero en fin, de eso ya te comentarán en tus siguientes entrevistas.

—Según entiendo, ustedes también utilizaron la Matriz de Valor.

—Afirmativo —dice el Sr. Moreno—. La Matriz es el método que hemos usado todos en Ciudad Valor.

"Ahora, muchachos, si les parece podemos iniciar el recorrido por la empresa.

—No se hable más, comencemos...

Debo confesar que yo traté de alargar la plática en la sala de reuniones, pues esas fábricas donde se curten cueros suelen ser mal olientes, desorganizadas y sucias, y para ser sincero no quiero echar a perder mis zapatos de 120 dólares.

Entonces entramos a la planta. Y si bien parece una empresa del tipo, la realidad es que me impresiona la diferencia entre lo que veo y lo que recordaba de una tenería. Todo está en perfecto orden, hay pocas personas operando los equipos y muchos sistemas electrónicos, válvulas, tuberías y sistemas de control. El personal está bien vestido y limpio; además, pareciera que todos son ingenieros, no como yo recordaba: un lugar nauseabundo, con mucho personal de poco ingreso.

—La última vez que estuve en una tenería había mucha gente sin camisa, empujando contenedores de un lado a otro. Ahora no veo a nadie haciendo esto. ¿Los despidieron? —pregunto a Juan, quien es el guía en el recorrido.

—No, en realidad somos las mismas personas, pero ahora tenemos otras asignaciones. De hecho, yo solía ser una de esas personas que describes, pero la empresa definió una política: *nadie sería despedido a causa de una acción de mejora.*

—¿Cómo? —me detengo, dramatizando mi sorpresa para conocer un poco más su punto de vista.

Juan no se sorprende y agrega: —Claro. Imagínate, ahora cada una de las personas sabemos que si aportamos ideas y las implementamos con el objetivo de incrementar la productividad de nuestra empresa, seguiremos teniendo nuestro trabajo. Sabemos que somos importantes para la empresa, y esta política ha incrementado enormemente la generación de ideas de mejora y también su implementación. Todos confiamos en las políticas que tenemos y nos apegamos a ellas, pues están diseñadas para incrementar el valor de nosotros, *las personas,* y de nuestro entorno.

"Ahora entendemos que no se trata de entablar esfuerzos de mejora y después hacer despidos masivos para 'bajar el costo', sino que todos operamos la Matriz de Valor y juntos luchamos para que las mismas personas hagamos más en menos tiempo. Así es que hemos triplicado nuestras ventas y nuestras utilidades.

—Mira, Juan —comento—, normalmente soy una persona muy optimista. De hecho, la iniciativa de conocer Ciudad Valor fue mía, pero debo ser honesto con ustedes: estoy asombrado y algo incrédulo.

—Sí —contesta el Sr. Moreno—. Probablemente te parezca irreal, ilógico o una "llamarada de petate" como decimos por acá. Pero revisa las tendencias y fíjate en que vamos constantes y consistentes en un crecimiento sostenido como industria y como cuidad.

"El universo se encarga de hacer realidad aquello que pones en tu mente. Así que mejor encárgate de poner cosas positivas, que las lograrás, porque si en tu mente pones cosas negativas, también las lograrás.

—Sí, sí, entiendo —. La verdad es que contesto por pura cortesía, pues en este punto el rollo de "lo que pones en tu mente lo lograrás" me ha parecido un típico discurso de metafísica.

—Ya tengo números sobre su crecimiento, y me hablaron del uso de la Matriz de Valor para llegar ahí, y también sé que el Primer Cuadrante es llamado Propósito. Pero aún así me sigue pareciendo imposible lograr tal crecimiento sólo con definir Propósito. ¿Qué más han hecho?

—En efecto —contesta Juan—, Propósito sólo es la primera parte, y sólo con Propósito no hubiéramos logrado todo lo que hemos logrado. Hay que llegar a operar el Tercer Cuadrante para poder obtener nuestros resultados. Uno de nuestros logros ha sido la eliminación de la mayor parte de lo que nosotros llamamos *empleos brutos*.

—¿Empleos brutos?

—Sí. Parece fuerte la frase, pero *empleos brutos* son aquellos generados básicamente a partir de trabajar sobre o en los desperdicios. Te explico: antes teníamos cerca de 45 personas trasportando materiales, ya sea a pie, arrastrando contenedores o incluso cargando materiales de un lugar a otro. Como sabes, transportar algo muchas veces es necesario, pero no trasforma el producto.

"Antes no nos dábamos cuenta de esto y nos parecía normal contratar personas para transportar material. Una vez que nos hicimos conscientes de que lo que interesa al cliente es que su producto se transforme lo más ágil y eficientemente posible, entonces descubrimos que ese tipo de empleo no sólo No Agregaba Valor al producto, sino que además estábamos permitiendo y promoviendo que las personas que trabajaban en él no tuvieran una experiencia humana, no crecieran como personas, simplemente eran una "máquina biológica", es decir, un empleo bruto.

—¡Oye, no! —objeto inconforme—. ¡Esas personas sí son humanos y reciben un pago por ese esfuerzo que están haciendo!, ¿o no?

—Es correcto, pero es mejor que ese esfuerzo lo apliquen en trabajos donde permitan que su capacidad humana pueda ser elevada, y no simplemente como un elemento de "tiro", de "arrastre", "jaladoras".

—Pues me parece muy fuerte y aguda tu apreciación —contesto incómodo.

—Y para no olvidarnos de que en nuestra compañía no queremos promover y provocar este tipo de trabajos —continúa Juan—, los llamamos *empleos brutos*. Obviamente no es un tipo de calificación despreciativa para las personas en sí, y nos ha dado muy buenos resultados, pues sólo por el deseo de eliminar lo más posible este tipo de empleos se han concedido a nuestra empresa más de 16 patentes en 3 años, y hemos desarrollado más de 62 elementos de soporte para maquinaria que antes no teníamos. ¿Y sabes qué es lo mejor?

—No tengo idea— comento expectante.

—¡Que las mismas personas que antes trabajaban en estos empleos fueron parte de las que idearon y desarrollaron las soluciones porque sabían que no iban a perder sus empleos! Ahora, ellos trabajan en empleos o roles que Agregan Valor al producto.

—Es decir, ¿que lo transforman?

—¡Correcto! Veo que ya vas comprendiendo la mecánica del Valor Agregado.

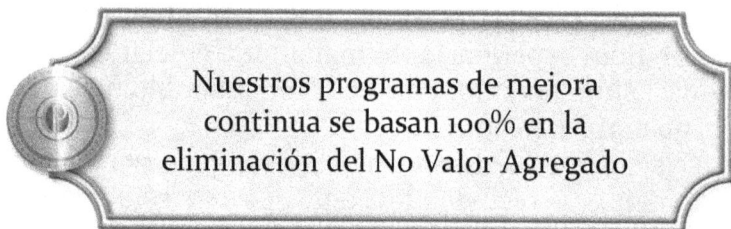

Nuestros programas de mejora continua se basan 100% en la eliminación del No Valor Agregado

"De hecho —continúa Juan—, a todos los colaboradores dentro de la empresa nos queda perfectamente claro que, si ponemos nuestros esfuerzos en ese punto, seguro la empresa ganará mucho dinero.

"Antes, teníamos ese típico buzón de sugerencias que se coloca por todos lados. La gente aportaba ideas, como 'mejorar las lámparas', 'limpiar los baños', 'pagar a tiempo', etc., pero la realidad es que no había una idea rectora, un objetivo claro. Ahora, con la Matriz de Valor, todos sabemos que podríamos idear incluso menos mejoras, pero seguramente serán mucho más impactantes. Es impresionante: un verdadero ciclo de mejora con un enfoque compartido y único.

—Chente —comenta el Sr. Moreno—, quisiera proponerte una situación y luego hacerte unas preguntas para que tú mismo caigas en la cuenta de lo impactante y benéfica que es la Matriz de Valor.

—Adelante, Sr. Moreno —. Cada vez que habla me parecen muy interesantes sus palabras y pongo mucha atención. Y ahora más, pues no tengo la menor idea de lo que me va a preguntar.

—Supongamos que en el mundo de las empresas hay 2 escenarios. El escenario 1 es tu capacidad instalada llena al 100%, incluyendo grandes volúmenes de desperdicio y con poco Valor Agregado en el tiempo y secuencia de tu proceso, desde que recibes tus insumos hasta que le entregas tu producto al cliente. En el escenario 2, por el contrario, tú tienes tu capacidad instalada llena al 100%, al tope también, pero muy poco desperdicio y muy alto Valor Agregado en el tiempo y secuencia de tu proceso, desde que recibes tus insumos hasta que le entregas tu producto al cliente. En ambos escenarios la calidad es incuestionable, siempre cumple las especificaciones del cliente.

Esa es la situación. Ahora, Chente, con lo poco que sabes y usando tu mera lógica, ¿cuál de las 2 empresas crees que produce más ágilmente sus productos?

Hago una pausa para evaluar la pregunta.

— Bueno, considerando que es exactamente la misma capacidad instalada, una tiene mucho desperdicio y la otra no, y una tiene poco Valor Agregado y la otra mucho, entonces creo que la segunda.

> Si reduces tus desperdicios, reduces directamente el No Valor Agregado.

—Correcto —afirma el Sr. Moreno—. Ahora bien, si una produce más ágilmente sus productos, digamos el doble, cumpliendo las expectativas de calidad del cliente, entonces, ¿qué capacidad de producción tiene?

—Pues cercana al doble —respondo usando mi lógica matemática.

—Correcto, es cercana al doble porque sigue existiendo la Ley de Murphy, y en algún momento puede pasar algo que disminuya la capacidad de producción; en términos ideales sería el doble.

—¿El ciclo de efectivo a efectivo? —agrega Juan, como muy enterado de las cosas.

—Exacto, el ciclo de efectivo se disminuye, se acorta. Entonces, Chente, en términos generales, ¿la empresa está más o menos capitalizada?

—Claro, estaría más capitalizada y, además, las vueltas anuales al capital serán del doble. ¿Qué hacen con ese excedente?

—Mira —contesta Juan—: nosotros creemos en que el proveedor es una extensión clara de nuestra empresa, así que, al estar más capitalizados, les pagamos a tiempo. No sólo eso: existen proveedores clave a los que pagamos de contado. ¿Cómo crees que están de contentos estos proveedores?

—Pues me imagino: brincando de alegría.

—Además, con el desarrollo a proveedores y el pago de contado, que son consecuencia de una excelente aplicación de la Matriz de Valor, los precios de los productos que nos proveen se han reducido, porque en primer lugar, nos capitalizamos juntos, y en segundo, porque eliminamos el desperdicio juntos.

—¿Y que trae consigo esto, Chente? —pregunta el Sr. Moreno.

—Eehh... bueno... —para este momento todo ha pasado tan rápido que trato de asimilar cada uno de los conceptos que me han compartido—. ¿Qué trae consigo?

—Más capitalización. Ahora tenemos un margen mayor porque las materias primas e insumos nos demandan menos inversión, y además recuperamos más rápido, porque tenemos mucho menos inventario en proceso gracias a la eliminación del desperdicio. Además, nuestro cliente nos paga mucho antes, incluso tenemos clientes que pagan de contado, ¿sabes por qué?

—Bueno, porq... .

—Porque el efecto se repite —concluye.

—¿El efecto se repite?

—Sí, lo que lances al universo regresará. Nosotros lanzamos intención y acción hacia mejorar honestamente la cadena de generación y valor, y regresa una inmensidad de generación de valor, ¡así de simple!

—¡Vaya! Este viaje sí que está resultando muy interesante y lleno de aprendizajes.

—¡Y eso que sólo vas iniciando esta jornada! —comenta Juan como insinuando que tengo que abrir más mis ojos y oídos.

—Mira, te voy a comentar otros logros, indicadores y acciones que se han tomado.

"Redujimos ampliamente los problemas de comunicación y personales entre todos los colaboradores, porque nos dimos cuenta de que gran parte de los disgustos y discusiones que teníamos estaban directamente relacionados con que no trabajábamos bajo un enfoque a procesos.

—Oigan, ese enfoque a procesos es increíble. Cuando me lo explicaron ayer, me quedé sorprendido de cómo una herramienta tan simple y tan conocida sea tan poderosa —agrego.

—Es cierto —dice Juan—. Yo no soy ingeniero y lo entiendo perfectamente. Cuando me entrené en esta herramienta entendí claramente el sentido de la palabra "cliente", y cómo esta palabra puede compartirse con el mismo enfoque dentro de la organización. Al comprenderlo todos de esta manera la comunicación, los procesos y la calidad fluyen con claridad y con un objetivo definido.

—Lo que realmente me sorprende —complemento—es como un instrumento que conocí en mi licenciatura aporta tanto y es tan poderoso. Puedo decir que hasta ahora lo entendí claramente.

—De hecho —agrega el Sr. Moreno—, si te fijas, la mayoría de las herramientas, por no decir todas, que hemos implementado en la ciudad, son instrumentos simples, nada complejos. Esto es lo que ha permitido hacer las implementaciones a todos los niveles, pues si fueran herramientas súper complejas, créeme que no tendríamos el éxito que hemos tenido hasta hoy.

—Sin duda. ¿Y cómo lograron entrenarse en estas herramientas? —pregunto.

—Con la misma lógica de simplicidad —contesta el Sr. Moreno—. Pero si te parece bien, me gustaría llamar a Don Max, empresario muy distinguido en Ciudad Valor, quien inició toda esta revolución dentro del sector empresarial. A ver si nos puede dar unos minutos por la tarde para que lo conozcas.

Asiento y me siento sorprendido por la apertura entre empresas y la disposición de apoyarme y colaborar en la difusión de este caso de éxito.

El Sr. Moreno nos deja a Juan y a mí. Mientras va a hacer la llamada, Juan me dice que le gusta lo que estoy haciendo y cómo el caso de éxito de Ciudad Valor va a ser compartido, pues él en particular, con este cambio, ha crecido y desarrollado otras habilidades. De no ser por el involucramiento de todos en las mejoras, probablemente seguiría arrastrando cueros, y emocionado me dice: — No sé si comprendas el impacto de esto en mi vida.

—Claro que lo entiendo, Juan, soy testigo de este crecimiento en la manera en la que te estás expresando y en cómo una y otra vez me demuestras el conocimiento que tienes de las herramientas.

Entonces llega el Sr. Moreno y dice: —Don Max nos recibirá por la tarde. Si te parece bien, vamos a comer, seguimos platicando y por la tarde completarás tu información.

Me despido de Juan, agradeciendo sus atenciones y enseñanzas. Le pido que diga en pocas palabras para mi grabadora su testimonio de este cambio, y expresa:

"Soy Juan Gómez. Soy un agente comprometido y proactivo en el cambio de Ciudad Valor. Mi testimonio es que, gracias a esto, ahora soy una mejor persona, he aprendido muchísimo, he ayudado a otros a aprender, pero lo más importante es que creo que el cambio se puede dar cuando todos los actores de una empresa trabajan en conjunto".

Agradezco su testimonio y me dirijo con el Sr. Moreno al restaurante a bordo de su lujoso Mercedes Benz.

Durante la comida seguimos comentando anécdotas y desarrollamos un interés mutuo genuino y un vínculo de amistad, pues platicamos de nuestras familias, amigos, afinidades, etc.

Ya adentrados en un deliciosísimo postre que parece fotografía de las mejores revistas francesas de repostería, y acompañado de uno de los mejores cafés irlandeses que he probado, pregunto al Sr. Moreno: —Estoy un poco confundido por la apertura que tienen. Usted me dice que me llevara con Don Max, quien hasta donde entiendo es su competidor directo, y además, cuando se expresa de él hablan como si fueran grandes amigos y conocidos, siendo que son casi enemigos, pues compiten en el mismo mercado.

—Que seamos competidores no significa que seamos enemigos. Realmente nos estimamos, y a todos nos interesa que nuestros negocios, nuestra ciudad, estado y país sean cada vez mejores. Tenemos intereses mutuos que compartimos y en los que creemos. De hecho, probablemente habrás escuchado del sitio web...

—Sí, y de hecho parece una iniciativa que cambiará al mundo.

—Bien, pues nuestras compañías constantemente suben al sitio tips, videos, podcasts y formatos que sabemos que ayudarán a empresas como las nuestras a ser más eficientes, pues sabemos que si el mundo es más eficiente los mayores beneficiados somos nosotros, las *personas* que vivimos en él. Por esto es que en Ciudad Valor creamos esa Comunidad Electrónica de Conocimiento Abierto no sólo para nosotros, ¡sino para el mundo entero!

Con estas palabras, pagamos la cuenta y tomamos el camino hacia la empresa de Don Max.

Mientras llegamos, el Sr. Moreno me comenta que no estará con nosotros durante toda la cita, pues tiene otra reunión agendada previamente. Sin embargo, me repite que estoy en excelentes manos y que espera que disfrute mi sesión con Don Max. Mientras nos estacionamos llega el coche en donde viene Don Max.

El Sr. Moreno y Don Max se abrazan con respeto y cariño. Yo espero la presentación; son unos segundos, pero yo ya quiero conocer a Don Max.

Soy presentado amablemente con él mediante una pequeña introducción sobre mí, mis intereses y la razón de mi visita.

—Bienvenido a la Mejor Ciudad para Crecer —declara Don Max—, y que quede claro que no es un slogan de política o publicitario, es la verdad. ¿O no, Moreno?

—Sin duda alguna, Max —es la orgullosa respuesta.

Ellos se despiden platicando durante unos minutos mientras aprendo de esos dos grandes hombres la confianza, integridad y respeto que se tienen uno al otro. Esto me permite guardar en mi mente la imagen de mi nuevo anfitrión.

Don Max es el nombre perfecto para él. El "Don" y "Max", expresaban de manera viva lo que él es. Calculo que tiene unos 67 años. Su cabello es totalmente blanco, y está muy bien vestido, pero no acartonado. Digamos que anda vestido en armonía con el ambiente de la época del año en que nos encontramos: pantalones de vestir azul marino, una camisa azul claro de manga larga, un bello chaleco color café y crema, y zapatos de corte moderno color miel. Se ve cómodo, como si disfrutara la ropa que usa. Su presencia es muy agradable a la vista.

En cuanto a su personalidad, por la manera en que lo trata el Sr. Moreno parece que es alguien muy respetado en el sector. Inspira y desborda confianza y serenidad, como el maestro que todos, en algún momento, tuvimos y admiramos. Para mí, poder estar unos minutos con él es un regalo.

Me despido del Sr. Moreno e iniciamos nuestro camino a la empresa. Desde el primer paso que damos es grato, y comienzo a recordar toda mi estancia en Ciudad Valor como si fuera un rompecabezas, ya que todas las reuniones anteriores me han aportado muchísimo. Sólo me falta saber cómo el sector empresarial ha iniciado este esfuerzo. Como tengo pocos minutos, voy directo al grano.

—Don Max, ¿me puede decir donde inició todo?

—Claro. Todo empezó con una reunión que tuve con la Lic. Laura Guevara, mujer emprendedora, de lucha y comprometida con el país. A ella la conocí en la Secretaría de Economía, y te la puedo describir como una persona con mucha energía, guapa, decidida y, sobre todo, determinada.

"Cuando ella estuvo en la Secretaría de Economía, apoyó a mi empresa en algunos proyectos. Siempre tuve en mente poder trabajar algo más grande e impactante en las empresas, por lo que, al terminar su período como Directora de Promoción Económica, la invité a fungir como directora de la cámara que representaba nuestro sector.

"Ella aceptó, y es ahí cuando inició todo para nosotros.

—Pero, Don Max, ¿cómo se dio el proceso? ¿Fue fácil? ¿Qué obstáculos se encontraron?

—Bueno, no fue fácil, pues el nivel de contexto y conciencia no era igual en todos los empresarios. Conmigo todo fluía rápidamente, pues yo era parte del consejo de la cámara, sin embargo, cuando la propuesta pasaba a los demás miembros, no avanzaba, por lo que Laura habló seriamente conmigo.

"Don Max", me dijo, "si es que deseamos que nuestras iniciativas funcionen y que el sector sea más competitivo en tiempo récord, debemos empezar con los que verdaderamente quieran y crean en esto".

"Debo decirte que la primera convocatoria para explicar su plan, que consistía en llevar a cabo talleres con Ana y Gustavo, tuvo mucha afluencia de los socios de la cámara. Pero a decir verdad, muchos acudieron más por la comida y 'el momento de encuentro' que por lo que Ana y Gustavo iban a compartirnos.

"La intención era empezar tomando talleres o *ignitions* dentro de la asociación. Pasaron meses desde esa reunión hasta la fecha del primer *Ignition* de Optimización de Procesos. Para no hacer el cuento largo, en cada nueva convocatoria, y gracias a los sorprendentes resultados y testimonios de los miembros involucrados, se fueron interesando más y más socios y empresas.

—¡Vaya, entiendo! Aunque eso fue en su sector. ¿Cómo llegó la iniciativa a los demás sectores?

—También por Laura Guevara. Gracias al éxito y a la documentación sobre el antes y después de los talleres, Laura comenzó a conectarse con las demás cámaras y a compartir nuestros logros. Poco a poco, más y más cámaras de Ciudad Valor se fueron involucrando en los talleres o *ignitions*.

—Ah, ya entiendo. Y por esto ahora muchos empresarios se conocen y comparten una misma lógica, independientemente del sector en el que se encuentren.

—Así es —responde Don Max.

—Oiga, ¿y dónde puedo encontrar a Laura Guevara?

—Creo que, lamentablemente, en esta ocasión no será posible, pues sé que no se encuentra en la ciudad. Realiza una gira por Europa y Asia para divulgar el éxito de Ciudad Valor.

—Qué lástima —expreso—. Sería súper interesante conocer a esta gran persona.

—No te preocupes, Vicente. No será en esta ocasión, pero quizá en tu próxima visita la podrás contactar y entrevistarla sobre su experiencia y punto de vista.

—Tiene razón, Don Max. Seguro este reportaje que ahora realizo captará la atención de más personas, crecerá el interés por la ciudad y habrá otros viajes y personas interesantes qué conocer.

—Ahora, Vicente, como me queda poco tiempo, creo que es momento de hablar contigo sobre un tema que me inquieta.

—Dígame, Don Max.

—Mira, el que tú estés aquí, entrevistándote con varias personas claves, te pone en el ojo del huracán. Tu vida no corre peligro, pero sí puedes ser el blanco de un ataque de los estabilistas.

Por fin encontré la oportunidad de profundizar en esta palabra evitada por muchos.

—Sí, he escuchado de ellos —digo, intrigado.

—¿Dónde lo escuchaste por primera vez, Vicente? —pregunta Don Max.

—Fue en la editorial. Días antes de venir, cuando expresé mi interés de escribir un reportaje sobre Ciudad Valor, uno de mis compañeros la mencionó.

—¿Y qué fue lo que te dijo?

—Nada, solamente que el éxito de la ciudad ha sido constantemente ocultado o atacado por los estabilistas, evitando su divulgación.

—Ok. Escucha, Vicente, esto te pone aún más en la mira. Te sugiero que estés muy alerta, pues si oíste por primera vez esta palabra dentro de la editorial, lo que concluyo es que hay estabilistas dentro del cuarto poder.

—¿El *cuarto poder*?

—¡No me vengas con que no sabes a qué me refiero!

—Pues parecerá mentira, pero no, en realidad no sé de qué habla.

—Te explico. Como sabes, dentro de las democracias existen tres poderes: el Poder Ejecutivo, el Poder Legislativo y el Poder Judicial. Sin embargo, la gran mayoría de los ciudadanos no conoce al Cuarto Poder, conformado por todos los medios de comunicación impresos, digitales, etc.

—¡Aaahh! Pues fíjese que yo mismo nunca lo había oído en este esquema, y eso que trabajo en ese sector. Sin embargo, es completamente lógico. Yo mismo formo parte del cuarto poder: muchas veces, dentro de la editorial, los reportajes se maquillan o arreglan para que no sean tan directos o verídicos; digamos que hacemos un cierto "manejo de la verdad", pues si publicamos la nota o el reportaje tal como es, lo que podemos provocar es una desestabilización de los otros poderes o romper la "armonía" entre ellos o la sociedad.

—Vicente —advierte Don Max—: debes ser muy cauteloso y reservado, pero sobre todo hábil al momento de escribir el reportaje. Por tu comentario, me queda claro por qué el éxito de nuestra ciudad no ha transcendido a la velocidad y rapidez que esperamos, aunque su lógica sea muy sencilla: tú mismo has visto que requiere atención, acción y determinación, y que una vez que las logras, todo comienza a suceder de forma automática. Sin embargo, muchas otras ciudades no la han conocido y, por lo tanto, numerosas personas se han perdido de este enorme beneficio.

—Sí, yo llego a la misma conclusión. Perdón, Don Max, me siento algo confundido sobre mis valores y ética, pues ahora me doy cuenta de que, en cierta forma, yo he sido parte de esta manipulación negativa de la información al ser parte del cuarto poder.

—Sí, pero lo interesante es que, dentro del cuarto poder...

> Si tú lo decides, podrás hacer algo positivo.

...con un impacto mucho mayor del que hasta ahora hemos logrado.

Hasta ahora no eras consciente de todo esto, pero ya que lo eres será tu decisión y responsabilidad si sigues con lo mismo o das un giro que vaya más acorde a tus principios y valores éticos.

—Eso sin duda. Sin embargo, en este momento me siento más confundido y mi mente está en descubrir cuáles de mis compañeros podrán ser estabilistas.

—Lo que  yo te puedo decir, muchacho, es que pronto se te revelarán por sí mismos. ¿Por qué no te explico su lógica y manera de operar, para que estés bien preparado?

Asiento y escucho con atención.

—Los estabilistas son una corriente o grupo de personas que surgió en Ciudad Valor en el momento en que todos nos comprometimos a crear un lugar excepcional para vivir. Digamos que ellos fueron quienes se oponían al cambio, quienes vivían de hacer las cosas más complejas y redundantes dentro del gobierno, de las empresas, de la educación, etc., pensando que eso era lo mejor.

—No me diga, Don Max, que esta corriente aún persiste en Ciudad Valor.

—La respuesta es sí. No obstante, son personas que han vivido el cambio, se han beneficiado y están más convencidas. Lo bueno de todo es que cada vez su número es menor.

—Entonces, al inicio de todo esto, ¿la corriente surgió con mucha fuerza?

—La verdad, sí, pero así de rápido como se manifestaron muchos de ellos se alinearon y fueron parte de la fuerza del cambio, pues vieron y se convencieron de que el movimiento no era contra ellos, sino a favor y por el bien de las empresas, de los procesos, de su propia calidad de vida, etc.

—Sí, ya escuché algo de eso. Volviendo a su hipótesis de que en mi editorial existen estabilistas, ¿cómo sucedió que migraron para otros lugares del mundo?, o ¿cómo los eliminaron de aquí?

—Para ser muy preciso, nadie los expulsó o sacó de la ciudad. Ellos mismos, poco a poco, se fueron dando cuenta de que la inercia era fuerte y de los beneficios que se obtenían. Algunos vivieron el cambio y sin problema se integraron a él, como ya te comenté, pero otros decidieron irse de la ciudad y dedicarse a detener el progreso.

—Ahora entiendo. Entonces, estos estabilistas que se fueron a otras ciudades son los responsables de que el impacto y beneficios de estas prácticas no se hayan compartido y transmitido a más ciudades.

—En gran medida así fue. Sin embargo, después de este tiempo, con esfuerzos de los ciudadanos, actores claves del cambio y personas como tú, poco a poco se ha ido difundiendo este secreto que había permanecido tan ignorado.

"Vicente —dice Don Max en tono apenado—, se nos ha terminado el tiempo. Pero considero que, con lo que hemos platicado aquí, te das una idea del tipo de problemas que pudieras enfrentar al publicar tu reportaje.

—Sin duda. Se lo agradezco y me quedo tranquilo, pues algo que no pueden negar estas personas es que el cambio se ha dado, los resultados están claros y ellos simplemente decidieron no ser parte del mismo.

—Exactamente. Pues bien, te deseo todo el éxito y aplaudo la dedicación en tiempo e interés que has tenido en estos días. Quedo a tus órdenes, y te encargo una copia del reportaje una vez que lo tengas listo, para publicarlo en la ciudad.

Después de estas amables palabras, me despido de Don Max. Aunque hablamos pocos minutos, al menos me queda claro el tema de los estabilistas. La incógnita que aún permanece es: ¿quién o quiénes en la editorial formarán parte de este grupo? Pero creo que en su momento se manifestarán.

Jorge llega por mí. Aparto la atención de mi reportaje por ahora, entablando una interesante plática con mi buen amigo, recordando nuestros antiguos tiempos y anécdotas. Las remembranzas duran hasta altas horas de la noche en un bello restaurante giratorio de la zona más prestigiada de Ciudad Valor, la cual "no le pide nada" a los mejores lugares del mundo.

## Capítulo XVI
## Impacto de la Matriz en la vida de las personas

El despertador suena a las 5:25 a.m. No pude conciliar el sueño después de la prolongada charla con mi amigo. Es increíble cómo tantas experiencias y tanta información han pasado por mi mente en tan pocas horas, y me siento inquieto por lo que falta.

Hoy es un gran día para mí, pues tengo programadas entrevistas con diferentes personas que han vivido la experiencia de aplicar la Matriz de Valor en su vida y trabajo diario.

Y para profundizar en el principio de Valor Agregado, gracias a una sugerencia de Jorge, reuniremos en un mismo lugar a diferentes personas, con el objetivo de "comentar sus experiencias y principales aprendizajes".

Esta reunión me emociona, pues...

> Somos nosotros mismos, las personas, quienes hacemos que las cosas sucedan o se detengan.

Esto aplica dentro de las empresas, instituciones, en nuestras familias, la sociedad y hasta en el gobierno: las personas somos la clave para la exitosa implementación de la Matriz de Valor.

Al terminar esta reflexión me levanto de la cama y rápidamente me dirijo al gimnasio. Como todos los días, hago mi rutina, me oxigeno, me lleno de energía positiva, regreso a la habitación y me preparo para tomar el desayuno.

Al llegar al restaurante, para mi sorpresa no veo a Daniel. Pregunto por él a la chica que me atiende.

—El día de hoy no viene Daniel, pues es su día de descanso. ¿Le puedo ayudar en algo? Mi nombre es Gabriela.

—Gracias, Gabriela. La verdad, sí. Fíjate que trabajo para un periódico, y en estos días he estado charlando con Daniel acerca de algunos cambios sorprendentes en el hotel y en la ciudad. Si tienes oportunidad, me gustaría conocer tu opinión al respecto.

—¡Claro! Permítame avisar a mi compañera para que esté al pendiente por si llega algún otro huésped. En unos momentos estoy de regreso con usted.

—Gracias.

Mientras viene Gabriela, inicio con mi rico desayuno: huevos estilo Benedicto, riquisísimos, acompañados de un aromático café y pan con nueces y pasas recién horneado.

Gabriela regresa y comienza a platicarme que lleva aproximadamente tres años trabajando en el hotel. Ante mi pregunta sobre cómo ha vivido el cambio, comenta:

—Yo realmente soy nueva en esto. Al principio, oía que todos hablaban de desperdicios y Valor Agregado y, la verdad, hasta "me caían gordos". Por ejemplo, en cierta ocasión yo estaba atendiendo una mesa, y regresé a la cocina como tres veces por condimentos que había olvidado. Uno de mis compañeros me preguntó por qué no me llevaba todo de una vez, pues mis viajes eran un desperdicio de transporte, además de que estaba haciendo esperar a los clientes.

—¿Cuánto tiempo llevabas trabajando en ese momento?

—Tenía sólo 3 días. El proceso fue interesante, pues los comentarios de mis compañeros y mis propias reflexiones tomaron sentido al recibir el programa de inducción y conocer los 8 tipos de desperdicio.

—¿Dentro de la inducción te capacitan en el tema de los desperdicios y el Valor Agregado?

—Sí, ésas son las herramientas clave del Tercer Cuadrante, y todos las debemos de conocer y saberlas explicar a la perfección. Imagina que todos vivimos un proceso de aprendizaje interesante. Cuando entré, durante 3 días recibí la inducción completa a la estrategia, a los procedimientos y a los estándares del hotel. Comencé a trabajar como normalmente lo hacía en mi ciudad natal, pero conforme fueron avanzando los días, fui descubriendo por mí misma grandes diferencias.

—¿Qué fue lo que pasó entonces?

—Al tercer día recibí la inducción al Tercer Cuadrante, Sistema, y fue como si me dieran unos "lentes nuevos". Comencé a caer en la cuenta de lo que estaba haciendo mal, y junto a otros compañeros, durante esa reunión yo misma generé acciones que llevé a cabo inmediatamente que regresé al restaurante.

—Y esas acciones que tomaste, ¿fueron para eliminar el desperdicio?

—Sí. De hecho, continuamente revisamos los desperdicios, pues ya que sabemos cuales son. Después de cierto tiempo, todos nos aseguramos de que no vuelvan a aparecer. En pocas palabras, vivimos en un constante ciclo de mejora continua.

—Muchas gracias, Gabriela, por compartir gratamente tu experiencia conmigo. Nos seguiremos viendo por aquí: que tengas un buen día.

—Igualmente, y mucha suerte en las entrevistas. Que tenga un excelente día, y recuerde que estamos para hacer de su estancia *la mejor experiencia.*

Firmo la cuenta y me encamino velozmente a la entrada del hotel, pues por la charla con Gabriela demoré más de lo pensado.

Jorge ya me estaba esperando en la puerta. Subo rápidamente a su coche, saludándole y preguntándole a dónde nos dirigimos.

—En el transcurso de la mañana de hoy iremos a que conozcas el Centro Cultural de Ciudad Valor. Ahí, en una de las salas de la Biblioteca, nos reuniremos con un grupo de colaboradores de diferentes empresas, quienes te compartirán sus vivencias y experiencias. Posteriormente, visitaremos una de las universidades de Ciudad Valor, para que adviertas cómo en la educación también hemos incorporado la Matriz de Valor.

—Por lo que comentas será un día intenso, Jorge, y me encanta. Entre mejor pueda aprovechar mi estancia aquí, el reportaje será más completo, pues tomaré en cuenta diferentes puntos de vista, de diversas personas. Me agrada, ¡genial!

—Así es, Chente. De hecho, este día será clave para ti. El éxito de todo lo que hemos hecho en Ciudad Valor se debe principalmente a las personas que hemos colaborado en su transformación.

—A ver: si realmente le dan todo ese valor a las personas, dime si me equivoco en lo que te voy a decir:

"Unos días antes de venir hacia acá, escuche en una entrevista que, para que las ciudades y países fueran altamente competitivos, se requería de dos elementos claves: el constante incremento en la satisfacción del cliente y la disminución permanente de costos.

—Así es. De hecho, aquí en Ciudad Valor estos dos elementos también son pilares muy importantes.

—Ok.. Entonces, si voy entendiendo bien, estos dos elementos no se lograrían tan fácilmente si las personas no los entendieran y vivieran día a día.

—Exacto: todos los procesos son llevados a cabo por personas.

—La diferencia que encuentro aquí es que las personas cuentan con el facultamiento, o lo que llaman *empowerment*, para hacer que las cosas sucedan. A todas las personas con las que he tenido oportunidad de platicar les queda clara su responsabilidad de incrementar continuamente la satisfacción del cliente, junto a la reducción de costos.

—Estás en lo cierto. De hecho, en Ciudad Valor hemos analizado, adoptado, adaptado y aprovechado las mejores prácticas que hoy hacen a las organizaciones y a las empresas más importantes y reconocidas.

—¿Y cuáles son esas mejores prácticas?

—Son varias, pero algunas de las más destacadas son: primero, tener una estrategia clara y desplegada en todos los niveles de la organización, y segundo, dotar de facultamiento y herramientas a las personas que se encuentran en primera línea o en niveles operativos, para que cuando ocurran los problemas, se resuelvan en ese mismo momento de manera exitosa e inmediata.

—Claro, y no esperar, como pasa casi siempre en las empresas, a que el supervisor vaya con el gerente, y como el gerente no tiene el facultamiento necesario, va con el dueño o director a validar qué es lo que se debe hacer.

—En efecto, Chente, aunque lo expresaste de modo muy resumido, pues tú sabes que en la situación que planteaste anteriormente existe el factor tiempo, y si cuando el gerente va con el dueño o director éste no se encuentra o salió de  viaje, los problemas empiezan a crecer, consumiendo recursos y generando más problemas.

—Ándale, así es. Esto es muy común en la mayoría de las empresas. Pero qué barbaridad, todo lo que se eliminaría con sólo dar el facultamiento y herramientas correctas.

—Es muy fácil decirlo, pero la mayoría de las empresas no lo hacen por falta de confianza en su personal y en sus mismos sistemas, y lamentablemente piensan que es mejor meter más supervisores o líderes de grupo para que "controlen", cuando en realidad lo único que pasa es que se consumen más recursos, y los problemas no están siendo eliminados desde la raíz.

—Por eso, Chente...

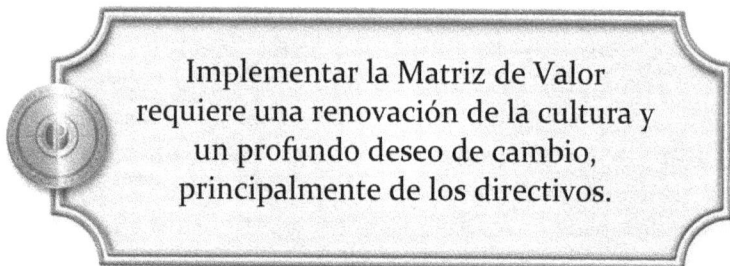

> Implementar la Matriz de Valor requiere una renovación de la cultura y un profundo deseo de cambio, principalmente de los directivos.

... para así, en cascada, lograr que todos se comprometan. Aquí en Ciudad Valor, el deseo de cambio y compromiso de diferentes personas contagió entre todos el ambiente de mejora continua, y el resto de la historia ya la conoces.

—Entiendo, amigo.

Aunque ya casi estamos llegando a nuestro destino, no resisto la tentación de hacer esta pregunta: —¿Qué onda con los estabilistas?

—No hay mucho que decir de los estabilistas, Chente, simplemente son personas que se oponen a que la Matriz de Valor sea difundida e implementada con éxito, debido a sus propios intereses creados.

—¿A qué te refieres con esto?

—Verás, son personas que "viven del sistema", ya sea un sistema público o un sistema privado. Muchas veces, cuando se habla de desperdicios y Valor Agregado, ellos se oponen a realizar acciones para eliminar los tipos de desperdicio.

—No me digas —interrumpo—, ¿se oponen por proteger su trabajo?

—En pocas palabras, así pasa. Cuando comenzamos todo el proceso, en el gobierno y en las empresas hubo muchas personas que se oponían a que las cosas fluyeran rápidamente.

—Te refieres a que los trámites o servicios fueran menos burocráticos, o a que el tiempo de respuesta fuera menor.

—Sí. Por ejemplo, dentro de gobierno existían muchos departamentos creados para validar, verificar, revisar, etc., por falta de confianza en sus sistemas. Había departamentos completos que sólo hacían validaciones de información, algo que típicamente otras 6 personas ya habían realizado, por decir algo.

—Ah, voy entendiendo.

—Entonces, al momento de analizar sus actividades diarias, estas personas ponían una serie de justificaciones a porqué las revisiones sí eran necesarias. Fue toda una lucha.

—Pero con el análisis de valor sólo hay de "dos sopas": o se transforma o no se transforma el producto, ¿verdad?

—Así es. Gracias al esfuerzo de muchas personas y sectores, el cambio se fue dando. Conforme íbamos avanzando con las implementaciones y mejoras, se les dio oportunidad durante un tiempo a estas personas.

"Pero los estabilistas no ponían de su parte, y además se descubrió que estaban entorpeciendo el progreso en diversas formas. Algunos de ellos claramente se convirtieron en saboteadores de los sistemas más eficientes. Después de varias oportunidades y de que no entendían razones, los estabilistas fueron despedidos de las empresas, gobiernos, hospitales, restaurantes, etc.

—¿Y qué paso con ellos?

—Al principio se contrataban en otros sectores que no habían iniciado el cambio. Sin embargo, al generalizarse la tendencia de mejora, hubo un momento en que numerosos estabilistas simplemente ya no tuvieron cabida dentro del movimiento de transformación. Ellos solos salieron de Ciudad Valor, y ahora probablemente se encuentran incubados en ciudades y empresas donde reina el desperdicio y el No Valor Agregado.

—Oye, pero uno de los lineamientos es que "nadie saldrá a causa de una mejora del sistema", ¿no? Pareciera que esto que me cuentas va en contra de este lineamiento.

—No, en lo absoluto, aunque muchos estabilistas se han "refugiado" en ese mismo argumento.

"En Ciudad Valor nadie pierde su empleo a causa de una mejora de procesos, y eso está 100% garantizado, puesto que todos operamos la Matriz de Valor y juntos luchamos incansablemente para que las mismas personas hagamos más en menos tiempo. Así es que hemos triplicado nuestras ventas y nuestras utilidades, pero también está 100% garantizado lo siguiente: si se corrobora que una propuesta efectivamente hace más eficiente el proceso y reduce el costo y tú actúas con negligencia o saboteas el proceso de cambio sin proponer alguna alternativa mejor a la que se está aceptando, entonces la organización en donde trabajas te asegura que serás dado de baja de forma inmediata.

—Órale, Jorge. Suena definitivo y aleccionador a la vez, pero me queda bien claro. Como me dijo en la mañana Gabriela, la amable mesera del restaurante: "veo como si tuviera otros lentes".

—Mira, Chente, ya hemos llegado al Centro Cultural de Ciudad Valor.

—¡Está increíble! Qué árboles tan grandes y frondosos, acompañan muy bien la arquitectura del lugar.

—Sí. De hecho, este Centro Cultural es iniciativa del Señor Roberto, uno de nuestros principales empresarios, quien desde siempre ha luchado para que Ciudad Valor cuente con lo mejor. Este Centro Cultural es el más grande, moderno y versátil en su tipo de toda América.

Verdaderamente es majestuoso. Desde que nos estacionamos, vi un bello edificio al que ahora nos dirigimos. Supongo que es la Biblioteca, donde se llevaría a cabo la reunión. La cita es a las 8:30 a.m., aunque hemos llegado 15 minutos antes, lo que nos permite recorrer las bellas instalaciones.

Poco a poco van llegando las personas convocadas. Faltando 5 minutos para las 8:30 suena mi celular. El número es de la editorial. Pido permiso para salir de la sala.

—Hola, buen día —contesto.

—Buen día, Chente —me saluda la voz de Ernesto al otro lado del teléfono. Me siento sorprendido: Ernesto jamás se había comunicado conmigo directamente. ¿Ahora por qué lo hará?

—Hola, Ernesto. Estoy por iniciar algunas entrevistas, pero a tus órdenes.

—Oye, Chente, Patricia te pidió que me llamaras para platicarme como van las cosas por allá. ¿Es la ciudad realmente como decías? ¿Con quién te has entrevistado? ¿Cuáles son tus conclusiones? ¿Cuándo estará listo el reportaje?

—Ernesto, discúlpame, son demasiadas preguntas. Si me permites, me comunicaré contigo al mediodía, pues estoy por iniciar las entrevistas.

—Entiendo... Estoy muy interesado en conocer la información.

—Si te parece bien, al mediodía te llamaré.

Finalizo la repentina llamada. Me intriga y deja muy pensativo: en los más de dos años que llevo trabajando en la editorial, Ernesto jamás se había interesado tanto por un reportaje. ¿Será por el nuevo rumbo de la sección?

La puerta de la sala se abre y Jorge me saca de mis reflexiones:

—Chente, es hora, ¿ya podemos comenzar?

—Sí, sí, adelante. Disculpa.

Sin más, entro y doy los buenos días a todos. Me presento y explico el motivo de la reunión. Por las expresiones de los asistentes supe que todos saben quién soy y cuál es mi objetivo, así que finalizo mi intervención aclarando:

—Traigo algunas preguntas para ustedes, chicos, sin embargo, conforme se vaya dando la sesión se las iré haciendo. Me gustaría que primero se presenten y digan de dónde vienen, y me comenten: ¿cuáles han sido los principales cambios o aprendizajes que han tenido ustedes al colaborar en empresas, gobierno, hospitales y restaurantes que ahora son más eficientes?

—Buenos días. Mi nombre es Carlos y colaboro para una empresa mueblera. Antes, yo era voceador de uno de los periódicos de Ciudad Valor.

—¿Voceador? —interrumpo sorprendido: durante ningún recorrido por la ciudad he visto personas paradas en los cruceros o voceadores vendiendo periódicos.

Después de mi abrupta interrupción y de la risa de los presentes, Carlos continúa.

—Sí, Vicente, entiendo tu sorpresa. El cambio para mí fue drástico, pues antes sólo pensaba en trabajar por un ingreso mediocre, pobre, y esto impactaba directamente en mi baja autoestima, la cual era también cada vez más pobre: simplemente yo no veía más opciones.

"Cuando se analizó lo que yo hacía, se vio claramente el desperdicio de mente de obra. Ahora reconozco que soy una persona pensante: ¿por qué tenía años haciendo un trabajo bruto que podía hacer una máquina? Hasta ese momento no lo había visto, por mis condiciones de vida, claro. Sin embargo, una vez que se vio que en otras ciudades del mundo los voceadores no existían y las personas simplemente tomaban el periódico de una máquina o de bellos puestos de periódicos muy bien establecidos, mi *empleo bruto* quedó eliminado.

—¿Y qué pasó entonces? —pregunto sorprendido.

—Pues fui entrenado y capacitado para desempeñar otros trabajos. Ahora soy encargado de uno de los procesos de la fábrica para la cual trabajo, y además, me encuentro en el mejor momento de mi carrera profesional... y eso que tengo 54 años, ¿eh?

Sin dejar mi cara de sorpresa, digo: —Gracias, Carlos, por compartir esta experiencia. Antes de seguir con alguien más , me gustaría saber que le dirías a personas que, como tú en el pasado, hoy venden periódicos en las esquinas.

Y con tono seguro y emocionado, declara:

No hay mayor obstáculo que uno mismo.

"Si no crees en ti y no comienzas por ver otras oportunidades y mirar hacia otros lados, seguirás desempeñando trabajos cada vez más brutos. Requieres de determinación y ganas de cambiar para lograrlo.

Agradezco su intervención e invito a alguien más a compartir.

—Buen día —saluda una voz femenina. Se trata de una joven mujer, como de 35 años, muy arreglada y presentable; de hecho, parecía una alta ejecutiva de Nueva York. La saludo y ella continúa.

—Mi nombre es Rebeca González. Soy asesora de ventas de una compañía farmacéutica. Llevo trabajando en la empresa más de 7 años. Debo decir que, cuando empezó todo esto de la Matriz de Valor, me oponía rotundamente, pues para mí las cosas no estaban mal: siempre había sido muy buena vendedora, y el que iniciaran todos estos cambios realmente me abrumaba y me sentía amenazada.

"Yo era una de las típicas personas que afirmaban que 'todo estaba bien'. Desde que empezaron con los *Ignitions* de Optimización y Mejora de Procesos, siempre me rehusaba a asistir, siempre encontraba algún pretexto o agendaba alguna cita para esos días. Incluso, 'súbitamente' me enfermaba con el único objetivo de no estar presente.

—¿Y por qué no querías estar presente en esos momentos? —interrumpo.

—Primero porque, según yo, tenía muchísimo trabajo, y dejarlo de hacer unos días era simplemente imposible, y segundo porque, desde mis paradigmas, en ese momento "todo estaba bien". Sin embargo, debo confesar que me intrigaba cómo muchas costumbres y maneras de años atrás comenzaron a cambiar rápidamente, las personas hablaban de la Matriz, de los desperdicios, de Valor Agregado, así que tomé la determinación y asistí al último taller.

—¿Y qué paso entonces?

—Pues lo que te puedo decir es que ese taller  ha sido una de las experiencias más enriquecedoras de mi vida.

Estábamos como 13 personas de diferentes departamentos, todos juntos aportando a un solo objetivo. Una vez que conocí las herramientas de desperdicios y Valor Agregado, muchos paradigmas míos desaparecieron. Que yo fuera muy buena vendiendo no implicaba que no pudiera ser mejor, lo que yo tenía era "ceguera de taller" y una enorme "zona de confort" que me mantenía cómoda haciendo las cosas como siempre las había hecho.

—"¿Ceguera de taller?"

—Así se dice cuando llevas tanto tiempo haciendo lo mismo que no ves ni encuentras áreas de mejora.

—Ah, me queda claro. Rebeca, ¿cuáles fueron los principales cambios y el impacto de estos en tu día a día?

—En primer lugar, después de trazar la Gráfica de Valor del proceso de venta, nos dimos cuenta de que faltaba entrenamiento más enfocado y estructurado, las bases de datos de los clientes eran obsoletas y no tenían un sistema de mantenimiento que les permitiera estar actualizadas, mucho tiempo se nos iba por no confirmar las citas, etc.

—Y entonces...

—Pues identificamos todos los desperdicios y no Valor Agregado del proceso de ventas. Se generaron acciones que eliminaron los desperdicios de raíz y comenzamos a trabajar de una nueva manera, mucho más estructurada y enfocada.

"Estas dos herramientas tan simples no sólo me sirvieron en mi trabajo, sino que las he llevado a mi vida diaria, y ahora sí puedo tener tiempo de calidad para mi persona y mi familia.

Otra mujer, de unos 45 años, muy bien presentada luciendo un precioso uniforme de camarista azul y blanco que pareciera haber sido diseñado por el mismísimo Miguel Ángel, solicita la palabra.

—Mi nombre es Gabriela Frías y soy camarista del Hotel Principal de Ciudad Valor. Lo que yo puedo decirle es que ahora mi trabajo es más fácil y más eficiente.

—Gracias, Gabriela —le expreso—. He platicado con algunos compañeros suyos del hotel, y por ellos sé que también utilizaron las herramientas del Tercer Cuadrante, ¿verdad?

—Así es, Señor. De hecho, si me lo permite, me gustaría hablarle de las principales mejoras que aplicamos en mi rol.

"Como usted sabe, después del análisis de los desperdicios y del No Valor Agregado, los adelantos fueron significativos, y lo mejor de todo es que las ideas de mejora salieron de nosotros mismos. Una vez validadas y evaluadas, fuimos implementándolas una a una de manera inmediata, obteniendo resultados al instante y regresando a trabajar ya con las mejoras en marcha. No tiene una idea de lo reconfortante, emocionante y gratificante que es ver que usted mismo logra mejorar su trabajo.

—Entiendo —señalo—. Pero me imagino que para esas mejoras requirieron mucho dinero, digo, para ejecutar los cambios o las innovaciones, ¿o no?

—La verdad no. La mayor parte de las mejoras implementadas fueron muy simples, y muchas de ellas llevadas a cabo con los recursos que ya teníamos en el hotel. Si me lo permite, se lo explicaré.

—Por favor, Gabriela, adelante.

—Gracias. Una de las cosas que hicimos al remodelar el hotel, fue quitar los recovecos o esquinas de difícil acceso que dificultaban la labor de limpieza y aumentaban el tiempo de respuesta de nuestro trabajo. También, ahora tengo un cinturón muy ergonómico que llamamos "de recarga", diseñado con espacios adecuados para el champú, jabón, papel del baño, toallas, etc., donde pongo lo que debo resurtir antes de entrar a cada habitación y que tomo de mi carrito. Con esto elimino todos los trayectos innecesarios al carrito.

—Perdón que la interrumpa, Gabriela. ¿Eso no es exagerar? El carrito está a sólo unos pasos a la entrada de la habitación. Digo, no tiene que resurtir "desde el sotanito" —señalo en tono burlesco. Pero por la respuesta de Gabriela supe que no le había hecho mucha gracia.

—A simple vista pareciera mínimo el beneficio, pero lo invito a multiplicar todos esos traslados en cada habitación que limpio a diario, por el número de habitaciones y horas que trabajo. Créame, no es exagerar. Además, independientemente que fueran pocas veces al día, es algo que en definitiva No Agrega Valor. Entonces, ¿para qué hacerlo?

Guardo silencio sorprendido ante la claridad y verdad en su respuesta.

—Otra mejora: usualmente, al iniciar mi trabajo por la mañana, la Recepción me indicaba qué habitaciones estaban ya desocupadas, y en el transcurso del día me iban avisando cuales podía limpiar. Sin embargo, muchas veces tenía tiempos muertos, pues Recepción no actualizaba las salidas, o cuando llamaba por el radio no contestaban... en fin, era un relajo. Pero ahora yo misma puedo checar cuáles habitaciones están libres con mi PDA inalámbrico de cercanía.

—¡Vaya, qué tecnología! ¿Puedes decirme cómo funciona?

—Claro, Sr. Vicente. Con mi PDA, puedo revisar si la habitación está ocupada o no tan sólo con acercarlo a la chapa de la puerta y, además, con este mismo aparato yo misma registro los consumos del minibar, reportando automáticamente los faltantes al abastecedor de minibares y los consumos realizados a la Recepción. Así, tenemos toda la información "en tiempo real".

"Y eso no es todo. Yo misma puedo registrar también y reportar las anomalías de mantenimiento de cada habitación, como problemas en regaderas, aparatos electrónicos, focos fundidos, aire acondicionado y demás aspectos que siempre cuidamos para provocarles la mejor experiencia a nuestros visitantes.

—Pues es fascinante toda la serie de soluciones que han desarrollado. Además, estas soluciones pueden implementarse fácilmente en otro tipo de negocios. Pero resumiendo, Gabriela, cuéntame: desde tu punto de vista, ¿cuáles han sido los beneficios de todo esto?

—Muchísimos. Antes, el tiempo asignado para el arreglo de una habitación ejecutiva era de 30 minutos, ahora es de sólo 20 minutos, y en este tiempo hacemos de una sola vez más cosas, como el reporte de minibares y el de mantenimiento, todo con mucho menor esfuerzo, lo que nos deja tiempo suficiente para atender los detalles en las habitaciones.

Ahora tenemos muchos más clientes y más contentos: esto lo sabemos porque en las encuestas se ha reflejado que los visitantes están sorprendidos por el cambio y dicen que el hotel tiene un nivel de atención y detalles como los mejores del mundo. Es cierto: hemos notado que cada vez nos visitan más extranjeros que viajan de negocios y también por placer con su familia completa. Todo gracias al Tercer Cuadrante, Sistema.

—Bueno, yo soy Rigoberto —dice un hombre ya mayor al terminar el interesante testimonio de Gabriela—, y también trabajo en el Hotel Principal de la ciudad. Soy el ingeniero responsable del mantenimiento. Como ya lo dice Gabriela, las mejoras y nuevas tareas que ella realiza han vuelto nuestro trabajo mucho más eficiente, ya que con los beneficios del sistema único de información del hotel, ahora nos enfocamos al mantenimiento preventivo y predictivo.

—¿Cómo es esto de "predictivo"?

—Lo que pasa es que contando con los registros *en tiempo real* y con las estadísticas de comportamiento del desgaste o tiempos de vida de los materiales, el sistema mismo puede determinar en qué momento es aconsejable reemplazar ciertas piezas o cuándo es necesario hacerlo porque el desgaste llegó a un nivel peligroso. Con esto, ahora el mantenimiento nos toma una décima del tiempo anterior, nos cuesta una quinta parte menos y tenemos más tiempo para seleccionar cada uno de los materiales que utilizamos. En resumen, nos hemos olvidado prácticamente del mantenimiento correctivo. Es más, si mal no recuerdo, hace más de año y medio que no tenemos un caso de mantenimiento correctivo.

—Me parece muy bien. ¿Me puedes dar un ejemplo, Rigoberto?

—Las cortinas de baño —comenta con voz fuerte y segura—. Antes sólo se nos asignaba un presupuesto pequeño para reponer esas cortinas, por lo que sólo comprábamos cortinas "baratas" que se desgastaban más rápido. Con ese deterioro daban un mal aspecto, como de descuido o de envejecimiento en la habitación, por lo tanto nos llamaban muchas veces para reemplazarlas. Con el presupuesto corto y tantas llamadas, definitivamente no contábamos con la capacidad de personal para atenderlo. Entonces debíamos contratar a más gente, pero como no teníamos presupuesto, para ahorrar contratábamos gente inexperta, quienes con toda la buena intención de ayudar terminaban generando más problemas, y éste era el cuento de nunca acabar.

—Entonces, ¿qué fue lo que hicieron?

—Caímos en la cuenta de que el hotel no gana dinero por tener el mejor equipo de mantenimiento, sino por generar y tener cada vez más clientes más satisfechos. Así, ahora seleccionamos los productos y proveedores que menos problemas dan, y con esto podemos dar una fantástica atención y respuesta que causan una mejor experiencia para nuestros huéspedes, porque ven la habitación en excelentes condiciones, como se ve sólo en los hoteles de más alto nivel en el mundo. Esto lo sabemos por los comentarios de satisfacción que expresan nuestros clientes, y también por el incremento constante en ventas, tanto de nuestro hotel como, por qué no decirlo, de los demás compañeros hoteleros: también ellos han incrementado sus ventas, pues Ciudad Valor es cada vez más visitada.

—Gracias, Rigoberto. Tu plática y anécdotas seguramente le servirán a muchísima gente, tanto en tu giro como en otras industrias.

La mañana está pasando realmente rápido y, con tantas experiencias compartidas, mi interés por saber más sobre la implementación de la Matriz de Valor va creciendo. Lo que más me sorprende es que no son directores de relaciones públicas de las empresas, sino los mismos colaboradores operativos quienes expresan sus vivencias.

Reviso mi reloj y anuncio que sólo tenemos tiempo para un testimonio más. Una persona de unos 55 años levanta la mano, solicitando la palabra.

—Buen día, mi nombre es Paco. Yo trabajo en una fábrica de calzado que produce 25 mil pares a la semana. Le vendemos a las principales marcas de renombre, tanto nacionales como internacionales. Por mi experiencia te puedo decir es que, una vez que en la fábrica se conoció la Matriz de Valor, empezamos a actuar de inmediato. Se definió el Propósito, se trabajó en Aclarar, nos enfocamos en el Tercer Cuadrante, Sistema, y comenzamos a tomar los *Ignitions* de Optimización y Mejora de Procesos. El primer taller lo hicimos en el proceso de pespunte, que en ese momento era nuestro "cuello de botella" y, por tanto, nuestro más grande dolor de cabeza.

—¿Cuáles fueron los resultados después del esfuerzo? —pregunto ansioso—, ¿fue un proceso de 3 días?

—Los resultados que logramos fueron realmente sorprendentes. Cuando se fijó el objetivo y vimos de lo que íbamos a ser responsables por lograr, nos pareció casi imposible alcanzarlo. Sin embargo, después de los 3 días de trabajo y la correcta implementación de las acciones, redujimos el tiempo de respuesta de 3 días a tan solo 24 minutos.

—¿24 minutos? —levanto la voz sorprendido.

—Sí. Los 3 tipos de flujo son realmente sorprendentes, tanto el flujo mano a mano como el flujo continuo y el de una sola pieza hicieron posibles estos resultados. Todos juntos identificamos los desperdicios y el No Valor Agregado, todos juntos propusimos también las soluciones y las validamos, y una vez que decidimos lo que se tenía que hacer, simplemente lo hicimos. Y como digo, pasamos de 3 días a 24 minutos en tiempo de respuesta, el espacio ocupado se redujo en un 40%, eliminamos casi todo el inventario en proceso, lo que afectó directa y positivamente el flujo de efectivo de la fábrica y ganamos mas pedidos a nivel internacional.

—Increíble. Mil gracias por tu relato, Paco, ojalá que, con estos datos, cada vez más personas en el mundo se convenzan de que estos niveles de velocidad y resultados de cambio son posibles, y así empecemos a vivir un cambio de conciencia. Sé que llegaremos, y por esto mi compromiso es transmitirlo a la mayor cantidad posible de personas.

Jorge me comentó que en el grupo habría un representante de la Secretaría de Turismo para compartirnos cómo han implementado la Matriz.

—¿Alguien de los presentes viene de la Secretaría?

Y terminando mi pregunta y dice...

—Así es —levanta la mano un joven de unos 35 años—. Mi nombre es Luis Humberto, y lo que quiero compartirles el día de hoy es cómo, gracias al esfuerzo de hoteles, restaurantes, centros de entretenimiento y demás organizaciones tanto públicas como privadas, se ha beneficiado de forma automática a la Secretaría de Turismo. Además, los ingresos per cápita han aumentado considerablemente; de hecho, somos el número uno a nivel nacional.

—Excelente, Luis. Escuchamos las buenas noticias que tienes para todos.

—Hace unos años, Ciudad Valor le apostó a ser una ciudad mucho más competitiva. El hecho de que las empresas de manufactura y de servicios, escuelas, hospitales, restaurantes etc., se hayan sumado a ese esfuerzo ha dado sus frutos a pocos años de la iniciativa. Un ejemplo es que cada vez más turistas nacionales y extranjeros vienen a visitarnos, porque pasamos de ser una ciudad industrial típica, donde la principal fuente tradicional de producto interno bruto iba en decadencia, a ser una de las 2 ciudades más cotizadas a nivel nacional para realizar convenciones. Estamos llegando a ser un caso de éxito en turismo, pues nos dimos cuenta que, por años, habíamos menospreciado nuestros grandes y maravillosos lugares históricos. Así, con el constante incremento en los ingresos, tanto de gobierno como de la iniciativa privada, Ciudad Valor hoy se está convirtiendo en uno de los mejores lugares turísticos, atrayendo al mismo tiempo grandes cantidades de divisas extranjeras. Hay un común denominador en boca de quienes nos visitan.

—¿Ah, sí? ¿Cuál es ese común denominador?

—Una Excelente Experiencia

"Uno de los aspectos al que todas estas organizaciones se enfocaron fue incrementar constantemente la satisfacción de los clientes. Esto nos ha llevado a un ciclo de retroalimentación positiva y creciente.

—Disculpa, Luis —interrumpe Gabriela—, ¿qué es esto del ciclo de retroalimentación positiva?

—Te explico: cada vez tenemos más clientes más satisfechos, y cada vez que ellos vienen a Ciudad Valor su estancia es muy agradable y sorprendente por la atención que muchos ponemos en los detalles. Esto hace que ellos mismos nos recomienden ampliamente tanto en su vida social como laboral, y con esas recomendaciones captamos más y más turismo que está interesado en, a donde vaya, ser tratado de lo mejor.

—Tu explicación es muy precisa, pero para que me quede más claro, ¿nos podrías dar un ejemplo de cómo la correcta implementación de la Matriz ha impactado al hotel donde trabaja Gabriela y por consecuencia a la Secretaría?

—Con gusto. Que el hotel haya eliminado el desperdicio ha provocado que ahora todo el personal se enfoque en lo que realmente Agrega Valor, lo que les ha permitido disponer de más tiempo para incrementar la satisfacción y mejorar la experiencia de cada huésped día a día, que es el objetivo del hotel.

"Y si el hotel tiene cada vez más clientes satisfechos, esto impacta directamente en el incremento de turismo en nuestra ciudad. De hecho, la calidad de las instalaciones en Ciudad Valor es muy superior a la de otras ciudades. Aquí, un hotel de 3 estrellas sería perfectamente considerado, en otra ciudad, como de 5 estrellas, por la calidad de servicio, instalaciones, nivel de atención en los detalles, etc.

—Realmente me siento emocionado y muy comprometido a que mi reportaje transmita toda la pasión, compromiso y aprendizajes que ustedes han compartido el día de hoy conmigo.

"Agradezco la atención y el tiempo que se tomaron. Los felicito por la determinación y coraje de seguir aportando a Ciudad Valor. Ha sido un gran honor para mí pasar esta mañana con ustedes.

Me despido de mano de cada uno de ellos e intercambiamos algunas tarjetas.

Ya es hora de comer y de llamar a Ernesto, como había quedado. Además, debo prepararme para la visita acordada por la tarde en la Universidad.

Jorge pasa a recogerme. Camino al restaurante, marco el número de la editorial y le solicito a Paty que me comunique con Ernesto.

—Hola, Ernesto, estoy reportándome contigo. Disculpa que te llame un poco más tarde de lo que habíamos acordado, pero recién acabó la reunión.

—No te preocupes, Chente. Y, ¿cómo te fue?

—Excelente Ernesto. Ha sido un acierto el haber venido, estoy aprendiendo muchísimo y créeme que el reportaje será el mejor que has visto en años.

—Seguro, desde el inicio lo sabía. Pero ¿es todo por allá como lo cuentan? ¿Está organizada la ciudad de modo muy diferentes a la mayoría? ¿Es cierto que los empleados de primera línea tienen una formación muy diferente y capacidades y herramientas que los ayudan a ser cada vez mejores en su trabajo?

Conforme escucho a Ernesto me sorprendo, pues tiene más información que yo antes de venir. ¿Por qué no se le ocurrió antes hacer un reportaje de sobre la ciudad? Mientras lo escucho, vienen a mi mente las palabras del Sr. Rojas y de Don Max, y pienso: ¿qué tal si Ernesto fuera uno de esos estabilistas, y lo que quiere es más información para, junto con su grupo, sabotear los planes de Ciudad Valor? Viendo que Jorge ya está por estacionarse, lo interrumpo:

—Ernesto, todo lo que dices es cierto, sin embargo, acabo de llegar a mi próxima cita y veo que ya nos están esperando. Nos vemos el jueves, creo que ese día por la tarde tendré ya el borrador del reportaje.

—Ni hablar, si ya tienes que colgar, adelante. Pero sí te digo esto: no me puedes dejar con la duda hasta el jueves; por favor, repórtate conmigo mañana en un tiempo que tengas. Hasta mañana.

—Está bien, te llamo mañana —respondo sintiéndome comprometido y con dudas. Esto no está bien.

Sin preguntar nada acerca de mi llamada, Jorge amablemente me dice: —Hemos llegado. Ya verás qué rica comida tradicional sirven en este lugar.

Durante la comida, disfrutando los ricos platillos y bebidas del lugar, dejamos un momento a Ciudad Valor y charlamos de los viejos tiempos, recordando anécdotas y trayendo a la mente a nuestros amigos y compañeros mientras avanza la plática.

El momento es mágico, divertido e inolvidable...

## Capítulo XVII
## Nuevos paradigmas en la educación

**D**espués de la deliciosa comida, nos dirigimos rápidamente a nuestra reunión en la Universidad. La cita está programada para las 4:30 p.m. En el trayecto, Jorge me pone al tanto de que nos entrevistaremos con el rector del complejo educativo.

Presiento que la reunión será muy interesante. La educación es un tema que siempre me ha apasionado, y esta es una gran oportunidad para entender la lógica en la incorporación de la Matriz de Valor en la ciudad.

Una vez que llegamos a la Universidad comenzamos a caminar hacia la rectoría. El recorrido es muy agradable, pues el campus está construido en un bello bosque rodeado de grandes árboles. Puedo notar el buen diseño de sus jardines, pues respetando el bosque incluyeron flores de diferentes colores que, contra el verde de los árboles y el edificio blanco, forman en conjunto un hermoso paisaje.

Llegando a la torre de rectoría ya nos espera el Rector Agustín Torres, una personalidad imponente pero a la vez con un enorme carisma y gran sonrisa. Desde el primer momento supe que estaría hablado con la persona correcta: sus primeras palabras me dejan ver su interés y pasión por la educación.

Nos invita a pasar a su despacho, teniendo como escenario para nuestra plática una elegante y cómoda sala de piel.

—Agustín, ¿puedo llamarte así y hablarte de tú?

—Por supuesto, Vicente, ¿qué tan viejo me ves? —ríe amablemente, lo cual me da mayor confianza.

—Bueno, pues comenzamos, Agustín. ¿Cuál ha sido el papel de la educación o, en este caso, del complejo educativo, en el esfuerzo que lleva a cabo toda la ciudad?

—Para empezar, movernos de la manera tradicional de ver la educación. Sé que esta es una frase muy trillada, sin embargo, nosotros no nos quedamos sólo en las palabras: hicimos algo de fondo y definitivo, y ahí está la diferencia.

"Tú sabes que cuando egresas de la universidad, eres contratado y empiezas a desempeñarte en tu nuevo trabajo, no tienes idea de lo que hay qué hacer, o de cómo todo lo que aprendiste te será de utilidad.

—Sí, la verdad pasa un tiempo, pero conforme se pasa esa curva de aprendizaje las cosas empiezan a salir mejor.

—Exactamente, tú lo has dicho. Pero lo que muchas veces no se ve es que esa curva de aprendizaje tiene errores y un costo altísimo, y quien absorbe ese costo lamentablemente son las empresas o las organizaciones, y al final la sociedad somos quienes pagamos esas cuentas de una forma u otra.

Yo estoy paralizado por la verdad que ha salido de los labios de Agustín, así que como las palabras no me salen de la boca, él continúa:

—Entonces, lo que hicimos fue sentarnos con los empresarios y máximos dirigentes de la ciudad para conocer qué era lo que ellos necesitaban y requerían de nuestros egresados, e hicimos un replanteamiento de nuestra estrategia.

—¿Y en qué consistió?

—De forma resumida, primero reconstruimos el plan de estudios con materias que aplicasen tanto Conocimiento Formativo como Conocimiento Transformacional, y aseguramos que fueran totalmente congruentes con la realidad que hoy se vive en las empresas y organizaciones. Es decir, nos enfocamos en que los estudiantes aprendieran un *saber–hacer*, o varios, y fueran expertos en algo, y no como normalmente pasa, que al egresar tuviesen una "embarrada de todo", pero nada en concreto.

"También hicimos que los laboratorios de cada carrera operaran con base en lo que las empresas y las organizaciones hoy están viviendo, por lo que desde el cuarto semestre todos nuestros estudiantes tienen la obligación y la responsabilidad de trabajar en nuestros laboratorios, aplicando todo el Conocimiento Teórico o Formativo para llevarlo hacia un Conocimiento Transformacional.

—Oye, pero ¿a qué hora logran trabajar en los laboratorios? Pues con la carga de materias que se llevan normalmente, ¿es esto posible o sano, incluso?

—La verdad, esto lleva a los jóvenes a buscar diversas opciones y les permite formarse en un entorno real. Por ejemplo, hay alumnos de Ingeniería Industrial que muchas veces dejan para la tarde la revisión o ejecución de algún proceso. Independientemente de que tengan examen o exposición ante sus compañeros la mañana siguiente u otros compromisos, deben venir y dar el correspondiente seguimiento.

—¿De verdad? —pregunto sorprendido.

—Impulsar que los jóvenes apliquen lo teórico o formativo en un entorno real de manera transformacional aumenta exponencialmente su motivación y gusto por seguir aprendiendo, pues...

> Materias como Física, Resistencia de Materiales están enfocadas a Generar Valor Agregado, y eso pocas instituciones de educación y formación somos capaces de verlo.

—No entiendo, ¿"Generar Valor Agregado"?

—Te explico: el profesor no sólo se dedica a transmitir el conocimiento o a que los alumnos puedan construir el conocimiento, sino que propicia la tarea y responsabilidad de crear nuevas formas de Valor Agregado para la humanidad a partir de ese conocimiento. Es decir, modos de aumentar la experiencia de ser humano. De hecho, esto es tan importante que constituye una buena parte de su evaluación final.

—Entiendo. ¿Y los profesores?

—Es fundamental que antes de entrar al complejo, todos nuestros profesores o facilitadores deben de demostrar una trayectoria donde hayan sido Altamente Exitosos.

—Y ¿qué criterios utilizas para medir este éxito?

—En primer lugar, nuestros profesores deben de ser excelentes empresarios, emprendedores reconocidos, investigadores constantes o personas con la capacidad de creer en ellos mismos, y que demuestren con hechos de vida que realmente están enseñando y compartiendo elementos que aplican cotidianamente y que dominan lo que hacen, lo cual los lleva a ser cada vez más exitosos.

—Ah, voy entendiendo. No es como normalmente pasa, que muchos profesores son personas que sólo se dedican a "dar clases"...

—Perdón—interrumpe Agustín—, pero siento la necesidad de decir esto ahora. Algo que ha llevado al fracaso social a muchos países es el "sistema o método" de escuelas o universidades que ha producido maestros mediocres, que enseñan su materia del mismo modo durante años, por cierto muy orgullosos, ¡basándose en el cuaderno amarillento que ellos mismos usaron cuando eran estudiantes! Estos "maestros" lamentablemente son personas que sólo trabajan para comer, para satisfacer sus necesidades básicas, y en sus mentes no hay más opciones. Se vuelven "formadores para el progreso" siendo ellos mismos un ejemplo de "no hacer olas", comodidad y mediocridad. Esto repercute en la visión, acción, determinación y capacidad de emprendimiento de los alumnos.

Agustín está molesto y convencido de lo que dice. Pocas veces he tenido la oportunidad de escuchar y reflexionar aseveraciones como ésta.

—En Ciudad Valor, ahora el maestro es un facilitador que primero demuestra que es exitoso en lo que hace, luego es experto en compartir y guiar el conocimiento y finalmente sabe generar más conocimiento y más valor. Habrás notado en el estacionamiento que hay muchos autos importados y de muy buena clase, personal vestido excelentemente y con un trato formidable. Pues bien, todos ellos son nuestros profesores prestigiados. Han llegado a ser y tener esto porque viven de su éxito, de la fortuna que ellos mismos han generado. Viven de su *saber–hacer* y les interesa ser una imagen positiva que inspire a sus alumnos.

—¿Y cómo han incorporado la Matriz de Valor como materia?

—Eso sí que no ha sido tarea fácil, pues como universidad debemos cumplir el plan de estudios que marca el sistema educativo del país. Sin embargo, nos lo hemos ingeniado muy bien, y dentro del programa ya establecido vamos ligando la Matriz de Valor.

—¿Me puedes dar un ejemplo, Agustín?

—Mira, para incorporar la Matriz de Valor desde primaria hasta niveles de maestría, el nombre del juego fue *creatividad*. Creamos un evento anual llamado "Feria del Conocimiento de Valor", donde todos los estudiantes del complejo muestran métodos, máquinas, modelos o teoremas enfocados a eliminar el desperdicio y No Valor Agregado con aplicación en las organizaciones. Ahí ves soluciones que aumentan el Valor Agregado, es decir, permiten ahorrar tiempo y esfuerzo incrementando los resultados ahora y en el futuro.

—Dijiste ¿todo el complejo? ¿Qué pasa con primaria?

—Escuchaste bien, *todo* el complejo. Claro, al nivel de conocimiento adquirido hasta el momento. Esta feria es para la sociedad, y durante estos días, más de 50 mil personas nos visitan.

"Este es el proyecto de final de año para todos nuestros estudiantes. Cerca de un 70% de las propuestas presentadas en esta feria son vistas e implementadas con éxito en las diferentes organizaciones.

—¿Algo más respecto a la aplicación de la Matriz de Valor?

—Sí, por supuesto. Un 25% de la evaluación final de las materias está relacionado con la aplicación del conocimiento en situaciones o elementos que Agregan Valor.

—Pero, ¿qué hay más allá de la Matriz de Valor?

—Excelente pregunta, Vicente. Lo que hay más allá de los Cuadrantes es enriquecer y elevar la experiencia de ser humano:

> El Valor Agregado va directamente relacionado con ahorrar tiempo y esfuerzo en todas las actividades que hacemos día a día, en el trabajo y vida personal, con el objetivo de incrementar los resultados.

"El objetivo de la educación no es solamente tener 'títulos académicos'. Desde nuestro punto de vista, el objetivo va directamente ligado a que cada vez seamos mejores personas viviendo en una mejor sociedad, así que formamos para convertir el Conocimiento Formativo en Conocimiento Transformacional. Es decir, no se trata de crear personas con "una cabezota", sino "personotas" que sepan aplicar lo que aprendieron, de tal manera que las organizaciones se beneficien de forma instantánea de cada uno de los egresados, independientemente de que hayan estudiado la preparatoria, una carrera técnica, licenciatura o grados más avanzados. Cada egresado domina su *know how* y además tiene la lógica del Valor Agregado.

—Pero, ¿una vida eliminando el desperdicio no te volverá un robot?

—Bueno, si la persona va a seguir haciendo lo mismo de manera enormemente rutinaria y su capacidad para eliminar el desperdicio no permite que esta persona haga o aporte algo más, indudablemente se volverá un robot por seguir trabajando en la rutina.

—Ah...

—Sin embargo, lo que encontramos siempre es que, al eliminar los desperdicios y aumentar el Valor Agregado en las organizaciones, se genera un cambio muy positivo y las personas crecen. Como lo viene diciendo Toyota desde hace décadas: "Nosotros nos hemos dado cuenta de que nuestra competencia tiene personas brillantes administrando procesos mediocres. Sin embargo, nosotros tenemos personas ordinarias administrando procesos brillantes".

—Es cierto lo que dices. Por la mañana estuve con personas de diferentes empresas y sectores, y en todos ellos vi crecimiento. Nada que ver con personal en condiciones similares de mi ciudad, la diferencia es muy grande.

—Exactamente, Vicente.

"Una vez que nosotros y los empresarios definimos las necesidades reales, fuimos asesorados por los fundadores del Value Learning Center.

—¿Te refieres a Gustavo y Ana?

—Así es, ellos continuamente nos asesoran y entrenan a nuestros maestros y facilitadores en temas relacionados con el Ciclo de Valor.

—Te referirás a la *Matriz* de Valor, Agustín.

—No, el Ciclo de Valor es algo mucho más grande y poderoso que la Matriz de Valor. De hecho, la Matriz está dentro de este Ciclo.

—Ok. ¿Y qué es lo que incluye?

—Temas como Liderazgo, Solución de Problemas, Planeación Estratégica, Innovación y Ventas, para que todos estos conocimientos juntos hagan sinergia y todo trabaje en armonía con la Matriz.

—Muy bien, todos los temas me parecen lógicos, sin embargo, *Ventas* no, no encuentro sentido. ¿Para qué enseñar a todas las personas a vender?

—Has dado en el clavo. Saber vender es la "piedra angular" de todo. Por ejemplo, en tu trabajo continuamente estás vendiendo.

—No, Agustín, en la editorial hay un departamento de ventas, y ellos le venden a los anunciantes.

—No, mi amigo: todos, continuamente, estamos vendiendo.

—La verdad, no te estoy entendiendo. Explícame con peras o con manzanas, poco a poco.

—Seguro. Discúlpame, pero este tema me apasiona y sé que debo ser paciente.

"Déjame terminar el ejemplo tuyo. Para venir a hacer el reportaje a Ciudad Valor, forzosamente vendiste, quizá no un producto tangible, como la mayoría de los vendedores, pero sí una idea.

—¡Vaya! Es cierto, muchos compañeros también presentaron sus ideas y no están aquí.

—Si...

"Siempre estamos vendiendo".

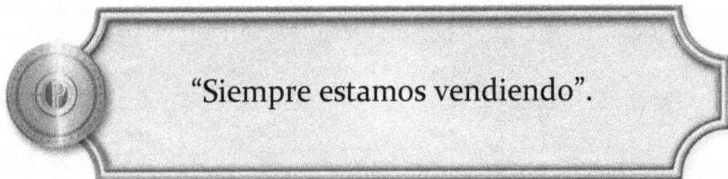

...y para responder tu pregunta sobre la relevancia del tema de la ventas, te mostraré este diagrama.

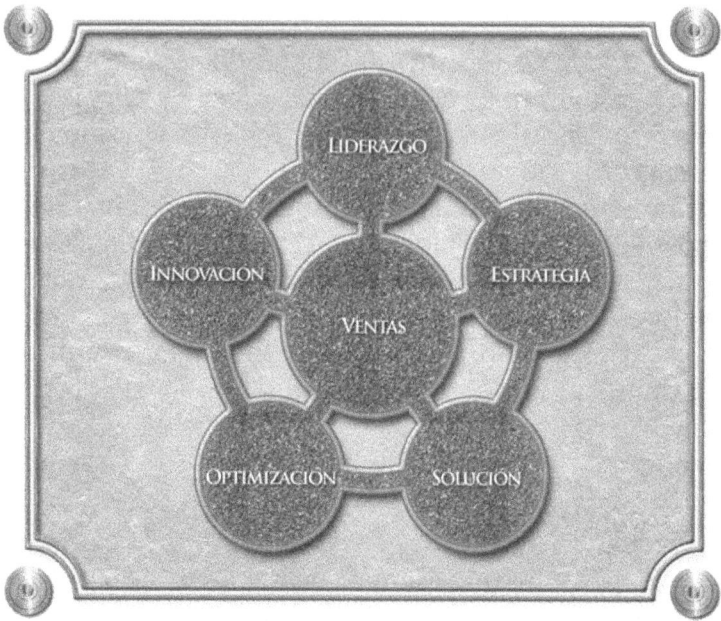

"En el mundo de los negocios y para conseguir lo que queremos en nuestras vidas, la palabra mágica es *venta* —afirma, señalando la palabra del centro del círculo—. ¿Entiendes?

"*Venta* es la palabra que hace sinergia con cada uno de estos temas. Al tener una estrategia clara requieres saber vender para que todos tus directivos y colaboradores te compren la idea y así todos juntos comiencen a ejecutar la estrategia. Pero para que la estrategia sea ejecutada con la maestría y los resultados esperados requieres saber vender, visión, pasión, el sueño, etc.

—Tiene absoluta lógica. Por eso muchas veces las ideas no bajan y sólo se quedan en el mundo de las ideas, o si comienzan a ejecutarse no llegan a buen término.

—Así es. Ahora vayamos con otro de los temas. Si ya tienes una estrategia bien definida y ésta fue compartida a todos tus directivos o gerentes, es decir, la idea trascendió y fue comprada por ellos, ahora necesitarás de líderes que la sigan vendiendo o transmitiendo al resto de la organización para que el despliegue sea un éxito. Es entonces cuando se necesitará desarrollar habilidades de liderazgo enfocado a metas y resultados tangibles.

—Y desde este enfoque también el Liderazgo está relacionado con las Ventas.

—Exactamente, ¿vamos bien?

—Sí, adelante —asiento emocionado—. Continúa, por favor.

—Ahora vayamos con Solución de Problemas. De acuerdo con el enfoque de Toyota, todas las personas que estén en la línea de producción, o de transformación en otros casos, es decir, el "personal de primera línea", como les llamo yo para las empresas de servicio, requieren herramientas probadas de solución inmediata para que, cuando surjan los problemas cotidianos, éstos sean eliminados de forma definitiva.

—Excelente. ¿Y dices que esto es parte de la filosofía de Toyota?

—Sí. La Filosofía de Toyota ha demostrado por muchos años ser líder y ejemplo de la manera de potencializar los recursos de toda su gente.

Mientras Agustín hablaba, saco mi libreta y anoto:

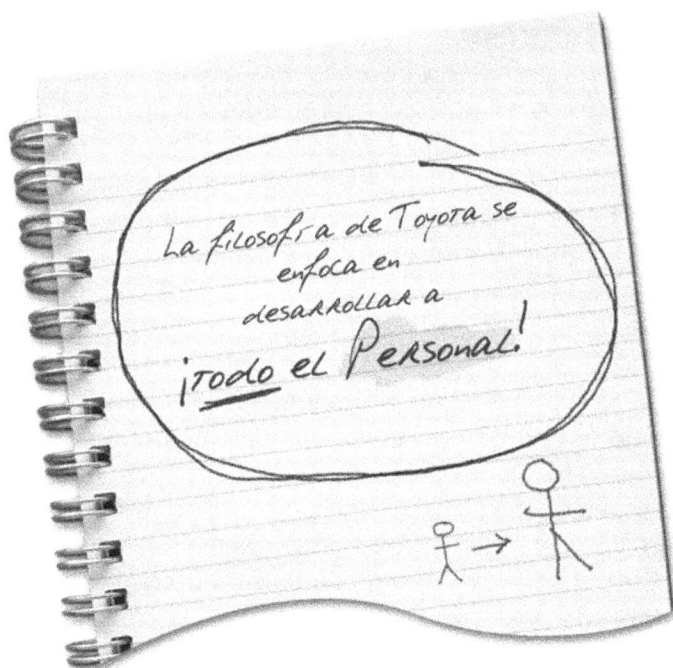

Agustín hace una pausa para que yo termine de escribir.

—Y como puedes ver, también Solución de Problemas está ligada a Ventas, pues muchas veces los supervisores, auxiliares administrativos o líderes de línea, necesitan ejecutar alguna solución y, para poder implementarla, requieren habilidades de venta.

—Estoy realmente sorprendido. Nunca lo había visto de esta manera. Ahora para mí está siendo claro que siempre estamos vendiendo.

"Oye, Agustín, ¿y cómo se relaciona el tema de las Ventas con la Mejora de Procesos y con la Matriz de Valor?

—Ah, pues muy fácil. Una vez que las empresas y organizaciones mejoran y optimizan sus procesos, tienen mayor capacidad de producción, y si no la explotan no ganan todo lo que podrían ganar. Es decir si sólo optimizas puedes ganar un 50% más, pero si optimizas y vendes puedes ganar un 200% o más.

—Y para vender más y poder captar más mercado, indudablemente requieres de habilidades de venta. Gracias, ahora veo la sinergia e importancia de saber vender.

—Exacto, Vicente. Nunca olvides, aunque no seas un vendedor de profesión, que siempre estamos vendiendo.

—Entonces el tema de Innovación también está directamente relacionado con las Ventas. Imagino que una vez que las empresas generan productos diferenciados que requieren ser colocados, alguien debe vender, y para vender se requiere de las habilidades correctas.

—Es cierto, pero no olvides que un *project manager*, o la persona responsable por los proyectos, también requiere habilidades de venta para emocionar, apasionar y convencer a técnicos y directivos de que el nuevo proyecto es viable y lograr que todos los involucrados se comprometan con el mismo.

—Sí, es cierto. Lo que pasa es que escucho la palabra *venta* y automáticamente la relaciono con vender algo tangible.

—Si, eso sucede por el paradigma tan arraigado que tenemos en la sociedad. Sin embargo, hoy has aprendido una nueva connotación, y muy poderosa, para la palabra *venta*. Espero sea de utilidad para ti.

—Seguro, Agustín. Agradezco muchísimo tus atenciones, me encantó la plática y créeme que me dejas con inquietudes muy positivas. Nos tomamos como 25 minutos más, pero creo valió la pena. ¡Mil gracias!

Terminamos con un fuerte abrazo una reunión muy provechosa, amena y, sobre todo, muy reveladora para mí en el tema de las ventas. Tomo unos minutos para escribir en mi libreta:

Jorge se me adelanta y ya me espera en el coche. Subo y emprendemos el regreso al hotel, platicando y conversando a profundidad acerca del ciclo de valor y cuán poderoso es si todo trabajaba en armonía y sinergia con el objetivo de enriquecer la experiencia de ser humano.

Llegamos al hotel, me despido de Jorge y me dirijo a mi habitación para tomar un baño caliente y disfrutar de mis alimentos en el cuarto, pues el día ha estado intenso y quiero tomar fuerzas para el día siguiente.

Al llegar a mi habitación, me sorprende encontrar mensajes de varios compañeros de la editorial: de Ernesto, del Sr. Rojas, de Paty, de Laura. ¡Vaya!, jamás en mi historia dentro de la editorial había recibido tantas llamadas; me estoy volviendo importante.

El común denominador de los mensajes es saber cómo me ha ido. Algunos de ellos me ofrecen ayuda para ir armando el reportaje, etc.

Como ha sido un día intenso, decido dejar por un momento los mensajes, concentrarme en el pedido de mis alimentos, tomar un rico baño caliente y encender la televisión.

Para mi sorpresa, al encender el televisor encuentro un canal llamado TV Valor, que transmite y educa a través de cápsulas breves sobre diferentes temas de interés en la ciudad. Es como un canal para los turistas, con un mensaje claro y contundente: esto es posible, es algo bueno, etc.

Escucho que tocan a mi puerta. Voy corriendo a abrir y una rica charola se asoma a mis ojos, perfectamente decorada y desprendiendo aromas majestuosos. El mesero arregla una linda mesita que trae ya preparada y la organiza de tal manera que yo no extrañe la sensación del restaurante del hotel.

Disfruto un rico Fetuccini Alfredo con un vino Cabernet Sauvignon Reserva de 1998, del viejo continente; pan integral recién horneado, etc.

Termino mi cena, leo un poco, ordeno las notas de ese día y me voy a la cama, satisfecho.

El Prodigio

## Capítulo XVIII
## Gobierno

Es un nuevo día. Decido tomar un descanso y dormir un poco más, pues la cita del día de hoy será el cierre de mi reportaje en Ciudad Valor. Por el tema a tratar y las personalidades que voy a entrevistar, mi atención debe estar al 100%.

¡Sí! Llegó el día de entrevistarme con personalidades del gobierno. Por lo que me ha comentado Jorge, tengo citas con algunos Secretarios, con el mismísimo Alcalde y con personal operativo que hace realidad los procesos.

Me encuentro terminando mi desayuno y repasando mis mapas mentales con las notas tomadas en todas mis entrevistas y adelantando ya algunas preguntas, pues mi objetivo es obtener la mayor cantidad de información.

El día de hoy también es grato para mí porque Jorge, mi buen amigo, forma parte de la estructura de gobierno y, por lo que sé, estará presente conmigo en estas entrevistas, por lo que hoy entenderé más de su lógica y entusiasmo que me tienen tan sorprendido.

Estoy firmando la cuenta del desayuno cuando me percato de que he dejado mi celular en la habitación. Por la hora, me es imposible regresar por él, ya que, como siempre, Jorge está puntual esperándome. Me saluda apresurándome, pues esta estorbando la salida.

Nos saludamos, y le comparto mi emoción por la reunión y, sobre todo, por entender el punto de vista y enfoque de gobierno hacia la Matriz de Valor.

Camino al ayuntamiento, platicamos de cómo él entró al gobierno municipal y cuál es su percepción sobre los cambios que se han dado. Es fascinante escucharlo, pues ha sido uno de los actores centrales desde el principio.

—Mira, Chente, todo empezó hace 6 años, cuando el responsable de vinculación empresarial, social y educativa por parte del gobierno municipal se dio cuenta de que varias personas están haciendo esfuerzos aislados que va a un mismo centro.

—A ver, dímelo más despacio.

—Sí. El nombre del entonces responsable de vinculación es Juan Manuel Rojas. Si mal no recuerdo, él recopiló mucha información de interés para el gobierno y, después de preparar un informe conciso, le mostró al Alcalde los impactantes resultados y grandes beneficios que las organizaciones mostraban en ese momento. El común denominador entre los resultados era la asociación que Laura Guevara presidía en ese entonces, los esfuerzos realizados por Don Max y el Sr. Moreno y, dentro del mismo gobierno, la Secretaría de Desarrollo Urbano.

"Y la conclusión de este reporte, conocido hoy en día como el 'Informe Rojas', decía que todos estaban trabajando en soluciones definitivas para mejorar la productividad, competitividad y satisfacción del cliente. Todo esto era muy bueno, sin embargo, se dieron cuenta de que eran esfuerzos aislados entre sí, y por lo tanto demandaban más recursos, tiempo, etc.

—¿Qué hicieron entonces? —pregunto.

—Pues unir los esfuerzos de gobierno, educación y diferentes sectores. Todos ellos ya trabajaban con el método que Ignius, la empresa de Gustavo y Ana, que han estado impulsando con tanta fuerza por años, pero no fue sino hasta entonces cuando tuvo sentido de manera sinérgica para las personas correctas.

—¿La empresa de Gustavo y Ana? —pregunto asombrado.

—Así es, la misma. Hemos llegado al ayuntamiento, y creo que con esta introducción es suficiente. ¿Listo para iniciar?

—Listísimo.

Lo más asombroso del edificio donde nos encontramos es que reúne a todas las dependencias gubernamentales, lo cual es coherente con la herramienta de desperdicios. Bajo esta lógica, el ayuntamiento eliminó la mayoría del desperdicio de transporte y movimiento de colaboradores de gobierno y clientes, es decir, de los ciudadanos.

Jorge interrumpió mi reflexión para informarme que nuestra primera reunión será con el Alcalde y dos de sus Secretarios, y debido a su agenda tan ocupada debemos apresurarnos para no llegar tarde a la oficina del Alcalde.

En este recorrido relámpago hacia la oficina pude ver un orden excepcional. No hay mucha gente, el ambiente se percibe muy armónico, todos los escritorios son modulares, realmente no se parece en nada a las viejas oficinas amontonadas de gente que tengo en mi mente. Esto es definitivamente de otro nivel.

Al entrar a la oficina, Jorge saluda y hace las presentaciones. En la mesa se encuentra el Alcalde y dos personas más. Al intercambiar tarjetas me doy cuenta de que una de ellas es el Secretario de Innovación y la otra persona es la Secretaria de Desarrollo.

El Alcalde me da la bienvenida cálidamente y sin discursos.

—Amigo —dice con claridad—, tenemos 40 minutos programados para la cita. Considero que es tiempo suficiente para responder algunas de tus preguntas, pues lo importante es que tomes el punto de vista de más personas, como los operadores de los procesos, ciudadanos, etc. Comencemos, por favor.

—Sí, les agradezco su presencia y disposición, yo ya vengo preparado—. Escucho algunas risas por el tono en que me expreso; esto sirve como *rapport* y tranquiliza un poco mis nervios. —Mi primera pregunta es para usted, Alcalde.

—Adelante —sonríe.

—Supe que gracias al Informe Rojas el gobierno se dio cuenta de los esfuerzos aislados, pero con buenos resultados, que estaban sucediendo en Ciudad Valor y que coincidían en el empleo exitoso de un método que hace años una empresa local ha estado impulsando.

—Todo eso es cierto.

—Por las entrevistas que he sostenido ya con varias personas en Ciudad Valor me ha quedado claro como han trabajado e implementado la Matriz de Valor. Sin embargo, ¿cómo se unió todo este esfuerzo y con un objetivo mayor y definido comenzaron a trabajar?

—Después de revisar y analizar el informe de Juan Manuel Rojas, me doy cuenta de que algo se debe hacer de forma definitiva, para lo que programo una reunión con él y con mi gabinete de Secretarios. En esta sesión se presentan las conclusiones del informe, y siguiendo el método de la Matriz de Valor, concluimos que lo mejor es reunir en una misma sala al 80/20 de los ciudadanos clave de transformación de Ciudad Valor.

—¿Se refiere a aquellas pocas personas que con sus actividades repercuten en el mayor porcentaje de la actividad social y económica de la ciudad?

—Así es. De hecho, reunimos a los principales empresarios, —en ese entonces dos de ellos ya habían iniciado por su cuenta—, a los actores de gobierno que tienen en sus manos las toma de decisiones más importantes, a los ciudadanos y líderes de opinión, a los rectores de las universidades y, por supuesto, invitamos a Ana y Gustavo.

—¡Vaya! — interrumpo—. Imagino que reunir a todas estas personas fue un lío...Perdón, pensé en voz alta.

—La verdad, no. Como Alcalde, tuve la visión y determinación clara de trabajar en construir la Mejor Ciudad para Crecer de la Nación y transmitir nuestros aprendizajes al mundo entero, pero no quería que esto fuera sólo un slogan publicitario que al término del mandato se esfumara sin continuidad, como pasa "algunas veces". Por ello, para mi gabinete seleccioné a gente competente que cree y está comprometida con esta visión. Por ello, reunirlos fue sencillo.

—Y entonces, ¿qué pasó en la reunión?

—Fue muy productiva y estructurada. Juan Manuel Rojas presentó las conclusiones de su reporte, y todos quedaron sorprendidos por la coincidencia de estar trabajando igual sin saberlo.

"Ahí comenté brevemente mi visión de unir los esfuerzos desde los diferentes puntos de la sociedad...

Entonces, la Secretaria de Desarrollo toma la palabra y dice.

—Si me permite, Vicente, esta reunión hizo historia, pues en un mismo lugar llegamos a acuerdos sorprendentes que hasta el día de hoy se han mantenido y respetado por todos, porque estuvimos las personas correctas en el lugar correcto haciendo las cosas correctas. Gracias a esta conjunción se puso la piedra angular para el desarrollo de Ciudad Valor.

—¿Y cómo fue que trabajaron la Matriz de Valor?

—Si me lo permiten —toma la palabra sorpresivamente Jorge—, me gustaría responder a Chente.

Todos estuvieron de acuerdo. Con la energía que siempre lo ha caracterizado, Jorge explica:

—Como ya hemos comentado, la Secretaría de Desarrollo Urbano ya comenzó a trabajar con este método y filosofía con resultados sorprendentes, como bajar tiempos de respuesta de un año a tan sólo un mes, y sólo con las herramientas de Valor Agregado y desperdicios.

"Los talleres marcaron un precedente e hicieron historia, pues al hablar de las herramientas en los procesos de gobierno, donde muchas de las actividades son un montón de desperdicios, generó muchísima resistencia inicial, como podrás imaginar.

—Pero lo que creo que llevó a la realización e impacto de estas mejoras dentro de gobierno —interrumpe la Secretaria, de nombre Lourdes—, fue que las mejores soluciones siempre salían de las personas que las realizaban.

"Y eso es la gran diferencia, pues al principio había resistencia, pero cuando las personas asistían a los talleres, conforme avanzaba el proceso y llegaban a la conclusión de que lo que mejoraban iba a impactar en su desarrollo personal y profesional, en su calidad de vida y además en la atención a los ciudadanos, se volvieron promotores del cambio.

Entonces el Secretario de Innovación tomó la palabra: —Lo sorprendente de los talleres es que trabajan con el personal que hace que sucedan o no sucedan las cosas. Ahí radica la diferencia, pues estamos trabajando con las personas correctas.

—Cuando ya vimos el poder, resultados e impacto de los talleres y de la Matriz —complementa Jorge—, decidimos aplicarlos en los procesos clave de la administración municipal, y como en los talleres teníamos invitados ciudadanos, de las diferentes dependencias e inclusive del gobierno estatal, fue mucho más fácil trabajar en conjunto. Ya que la Ciudad es capital, tuvimos gran apoyo y las cosas simplemente fluyeron.

Me siento anonadado y sorprendido en esta reunión. No parece que estemos hablando con el gobierno: todo es claridad y estoy disfrutando muchísimo.

El Alcalde comenta que, una vez que todos los sectores compartieron una misma lógica, un mismo método y objetivos que impactaban en el bienestar y prosperidad de las empresas, ciudadanos, escuelas, universidades y sociedad en general, ellos mismos se fueron sumando e involucrando en el proceso de cambio.

—Hoy es una realidad —concluye—, y somos la Mejor Ciudad para Vivir, pues en el gobierno municipal tenemos un historial de éxito en tiempos de respuesta comparados con los de otros países.

—Cuando iniciamos con todo esto —menciona Jorge—, en uno de los talleres a los que asistí, Ana hablaba de que uno de los objetivos de todo proceso es...

> "Mejorar continuamente la posición competitiva"

Y, preguntó a los asistentes: '¿Qué necesitas para mejorar la posición competitiva del gobierno?', y nuestras respuestas giraban en torno a mejorar los tiempos de respuesta, incrementar productividad y la satisfacción de los clientes, etc.

"Después de nuestras respuestas, dijo: 'Si ustedes mejoran tiempos de respuesta e incrementan la productividad y la satisfacción del cliente, ¿qué pasará entonces?'

"Nuestras respuestas fueron sorprendentes: 'Los ciudadanos estarán más contentos, las personas vendrán con gusto hacer sus trámites, y verán el beneficio de pagar sus impuestos al mejorar los tiempos de respuesta, el ciclo de dinero se vuelve más corto, atraemos un mayor número de inversionistas, generamos empleos, aumenta la calidad de vida de los ciudadanos, y por lo tanto, 'somos la Mejor Ciudad para Vivir'.

Todos nos emocionamos gracias al énfasis y claridad del comentario de Jorge. Con esto me queda claro que todos llevan esta forma de pensar consigo y, por esto, se había hecho realidad la visión del Alcalde: por diferentes caminos las personas sacaron sus conclusiones, tomaron acción y las cosas empezaron a mejorar.

Con esta energía y emoción todos nos despedimos, y agradezco a estas personas la reunión. Jorge y yo continuamos nuestro recorrido, que por lo que me comenta mi amigo, ahora será con las personas que formaron parte del primer taller que se dio en el gobierno.

Después de un recorrido realmente breve, nos dirigimos a otra de las dependencias, y al entrar en la pequeña y acogedora sala ya nos esperan tres personas.

Después de la primera reunión en el ayuntamiento quiero aprovechar lo mejor posible el tiempo del que dispongo. Deseo entrevistar al mayor número de personas, pues creo que vale la pena compartir su perspectiva.

Nos presentamos. Estoy con un director de área y dos operadores de proceso mejorado. Mi pregunta es directa.

—Sé que hace años ustedes aplicaron un taller de mejora en su proceso, ¿me pueden comentar cómo se sienten después de este tiempo?

—Mira —inicia Oscar, uno de los operadores de proceso—, yo al principio fui de los que más se resistió al proceso de mejora. Hoy, que conozco a los estabilistas, te puedo decir que si no hubiera experimentado y vivido ese taller de mejora, sin duda hubiera sido parte de ellos, pero tuve la oportunidad de entender y vivir una lógica que me ha acompañado hasta estos días.

—Oscar, ¿me puedes describir que fue lo que te hizo cambiar de opinión y decidir ser un actor de cambio en este proceso?

—Con gusto, Vicente. Cuando se llevó a cabo este taller, yo ya llevaba 2 años trabajando en el proceso, y cuando Ana empezó con el tema de los desperdicios, fue uno de los momentos más incómodos para mí.

Lo interrumpo para preguntarle por qué.

—Todo lo que ella decía y los ejemplos que daban mis compañeros eran sobre lo que yo hacía cotidianamente. Empecé a experimentar temor pues, la verdad sea dicha, todo lo que yo hacía en ese entonces eran puros desperdicios. Me sentí angustiado, pues lo que estaba en juego era mi própia chamba.

—Y, ¿en qué momento te abriste al cambio?

—Mira evidentemente yo estaba manifestando resistencia y angustia, así que el orquestador y responsable del proceso se acercó a mí y muy amablemente me dijo:

"Oscar, créeme que esto desatará un gran cambio en gobierno. Entraremos en una era de productividad que no se ha visto hasta ahora, por lo que es tu decisión si te sumas o desistes. Vamos viendo cómo evoluciona el proceso, y hablamos al final de este taller."

Todos en la sala estábamos expectantes escuchando este testimonio. Entonces, Miguel, el director de área, complementa el comentario de Oscar.

—Entonces, surgió algo sorprendente con Oscar: se sumó al resto de sus compañeros y, con valentía, comenzó a escribir los desperdicios. Debo decirte que Oscar fue una de las personas que más aportó al proceso. Y en efecto, su rol dentro del proceso desapareció, pero él salió ganando, pues dentro del taller se definieron que

Oscar se reubicaría a una de las actividades que estaba muy saturada y pudo desarrollarse y aportar de una mejor manera.

Me encantan estos comentarios. Ahora es el turno de Cecilia, quien no había hablado hasta el momento, por lo que le pregunto: —Y tú, Cecilia, ¿podrías compartir tu experiencia?

—Yo tengo realmente poco en este proceso. Digamos que yo entré cuando el proceso ya estaba mejorado, por lo que había un sistema de trabajo y una manera clara de operar que para mí fue muy fácil entender al comenzar.

—Entiendo, Ceci. Excelente aportación. De hecho, eres una de las piezas claves para mi reportaje, por lo que te pregunto: ¿cuáles fueron las ventajas y beneficios de entrar a una tarea definida bajo la lógica de procesos?

—Lo resumiré en los siguientes puntos: mi curva de aprendizaje fue cortísima, pues fui entrenada con una carpeta donde con colores y de una manera visual indicaba en qué momento entraba mi operación, qué tenía que hacer, qué políticas aplicar, qué documentos y registros debía hacer para desempeñar mi trabajo y a quién le correspondía seguir con el proceso.

"Me hice autodidacta, pues cualquier duda yo la resolvía consultando la carpeta, la cual estaba diseñada para entenderla con facilidad.

"Al tener un ascenso dentro del proceso, simplemente entrenaba a la nueva persona bajo el mismo método, y aunque yo ya no estuviera las cosas se hacían de la misma manera.

—Entiendo, es lo que dicen:

> El sistema está en la empresa o en el proceso, y no en las personas.

Jorge asiente con la cabeza y agrega: —Esto es realmente la clave para asegurar, después de un taller de mejora, que las cosas sigan mejorando.

—Sin duda, me queda muy claro.

Agradezco los testimonios y comentarios y continuamos nuestro camino a la siguiente entrevista. Por lo que dice Jorge, ahora será con la dirección de finanzas y, la persona que nos va a recibir es Eduardo Torres.

Esperamos unos momentos antes de entrar, pues se encuentra terminando una reunión. Después de una breve espera él mismo sale a recibirnos, saluda muy amigablemente a Jorge, quien nos presenta, y nos invita a pasar a su despacho.

—Bueno, Eduardo, la pregunta que te quiero hacer especialmente a ti es: ¿Cómo benefició al gobierno implementar la Matriz de Valor?

—Fueron varios los beneficios: primero, y creo uno de los más importantes, la recaudación se incrementó considerablemente debido a que nuestros clientes, los ciudadanos, se percataron de que los trámites eran muy rápidos y ya no había tantas trabas ni burocracia.

—Por lo que comenzaron a cumplir en tiempo y forma sus obligaciones, pues con todos estos cambios y esfuerzo articulado vieron que era interés nuestro aprovechar mejor los recursos que ellos como ciudadanos nos confiaban —añade Jorge.

—Con el incremento de la productividad de los servidores públicos —continúa Eduardo—, pudimos hacer más, por lo que automáticamente los tiempos de respuesta mejoraron.

"De hecho, ahora estamos terminando un estudio de impacto de la atracción de inversión extranjera; lástima que aún no lo concluimos, pero en otra ocasión, ya que esté completo, con todo gusto te lo mostraré. Pero sí te puedo decir ahora que nos convertimos en la ciudad que más inversión extranjera atrae en el país.

—Y esto, supongo, fue por la mejora en el tiempo de respuesta de los trámites que tenían que ver con este proceso.

—Exactamente. Al ser más rápido y eficiente en los trámites, nos volvimos una ciudad más atractiva para los inversionistas extranjeros, generando automáticamente mejor calidad de empleos.

—Y con mejor calidad de empleos, los ciudadanos mejoran sus niveles y calidad de vida, convirtiendo ésta en la Mejor Ciudad para Crecer —añado emocionado.

—Exactamente, has comprendido muy bien —aprueba Jorge.

—¿Ves como teniendo una visión clara —dice Eduardo— sumada al esfuerzo y determinación de las personas clave y con una metodología que ha comprobado su éxito, las cosas empiezan a suceder?

—No me queda la menor duda. De verdad te agradezco este espacio. Me voy con una responsabilidad muy grande, la de escribir en mi reportaje el impacto y valor de haber implementado esto en gobierno. Este último ejercicio de causa–efecto que acabamos de hacer llega al mismo punto: generar prosperidad y bienestar para la sociedad.

Me despido calurosamente de Enrique, le doy mi tarjeta y Jorge y yo continuamos nuestro recorrido a la última entrevista.

—¿Cómo te va pareciendo esto? —pregunta mi amigo.

—Estoy impactado, emocionado y muy agradecido de poder estar aquí, viviendo y siendo parte de la historia que pudo transformar a positivo los gobiernos, escuelas, empresas y diferentes sectores.

—Así es, todo sucede por algo y debo decirte que me encanta y es grato para mí que seas tú quien, con tu personalidad y carisma, sabrá llevar este mensaje de una manera objetiva y clara a mucha gente —afirma Jorge.

—Gracias amigo por la confianza.

Más rápido de lo que creímos llegamos a la siguiente dependencia, la de Desarrollo Tecnológico e Innovación. Al entrar me parece encontrarme en Epcot Center: el diseño, los posters, el ambiente son muestra clara y consistente de que hemos llegado a un lugar centrado en tecnología.

En la pared de frente, a la entrada, un tablero desplegando indicadores de cifras, es tan increíble que vale la pena compartir algunas de las maravillas que hacia y mostraba:

1. Todos los datos se actualizaban en tiempo real sin intervención o manipulación de persona alguna

2. Era una pantalla de plasma de 60 pulgadas, igual a muchas que se tenian en muchas de las organizaciones que visité.

3. Era interactivo, pues tu mismo tocando el tablero podías armar las combinaciones que deseabas ver o analizar.

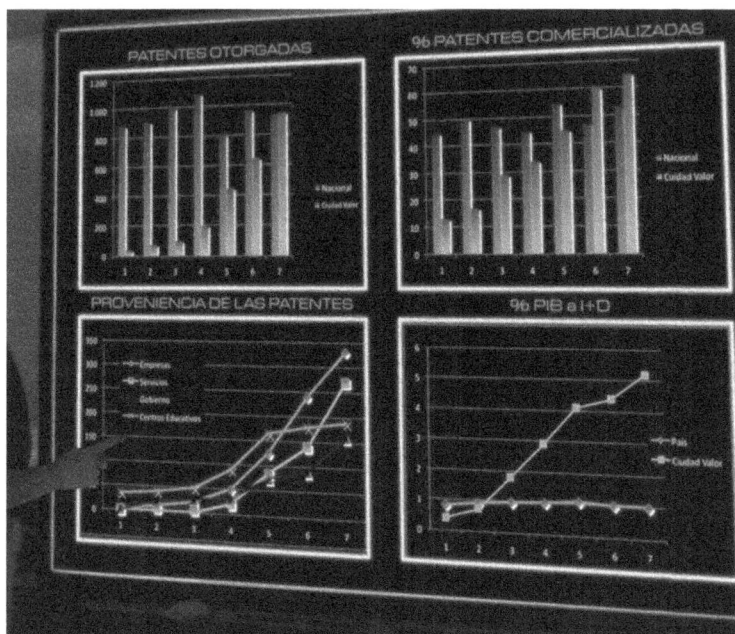

Al salir de mi estupor, entramos y abordamos a Karla Juárez, quien nos espera en el mostrador.

Mi pregunta surge del tablero que está a la entrada de la dependencia.

—Karla, desde tu punto de vista, ¿cuál ha sido el factor que ha detonado que Ciudad Valor genere tal número de patentes, más que las que ha generado un país completo?

—Simple: aplicar la Matriz de Valor

—Pensé que me ibas a responder eso, pero ¿qué lógica que sustenta tu comentario?

—Bueno, al trabajar la Matriz de Valor, a todos en esta dependencia nos quedó claro el proceso, quitamos ambigüedades y palabrería sin sentido en los objetivos que planteábamos. Definimos metas e indicadores clave que realmente impactaran en el motor económico de la ciudad y el país. Nos centramos y apoyamos a empresas para desarrollar tecnología que incrementara el valor para el cliente, creamos conciencia de la importancia de patentar éstas mejoras y, en resumen eso es lo que ha permitido lograr los buenos resultados.

Me doy cuenta de inmediato de que es una persona que sabe de lo que está hablando y tiene un profundo interés en la protección de la propiedad intelectual, así que le pregunto: —¿Cómo se aplicó la Matriz de Valor al generar nueva tecnología, por ejemplo?

—Eliminar el desperdicio que estaba presente en la mayoría de los procesos provocó que los gerentes de producción, por ejemplo, se enfocaran en el proceso y comenzaron a ver mejores tecnologías que antes no podían ver, pues su tiempo estaba ocupado en resolver problemas. ¿Has escuchado alguna vez la frese "el tiempo no me alcanza para nada"?

—Sí.

—Bueno, pues ese es un claro síntoma de que estás viviendo en procesos con un alto nivel de desperdicio y de No Valor Agregado, y así como tú lo has vivido, ¡miles de personas lo viven a diario!

—Es cierto, suena súper lógico.

—De hecho —sigue Jorge—, algo que impulsó mucho la generación de patentes fue, primero, los mismos Talleres de Mejora, pues al tener al personal experto en las máquinas y procesos, surgían innovaciones que no se les habían ocurrido antes; y segundo, el impulso tan fuerte por diferentes medios que Karla dio a la importancia de la protección de la Propiedad Intelectual, la cual logra que el valor de tus acciones se multipliquen exponencialmente.

En ese momento llega un empresario y Karla pide disculpas por no podernos atender más. Yo le agradezco muchísimo su apreciación y así, después de toda una mañana, termina mi visita al ayuntamiento.

Jorge me pregunta a dónde quiere ir a comer.

—Ya mañana vuelo de regreso a la editorial, Jorge. Sinceramente agradezco tu ofrecimiento a comer, pero quiero tomarme toda la tarde para integrar mi reporte. ¿Qué te parece si mejor me das un aventón al hotel y por la noche te invito a cenar para agradecerte esta oportunidad, el acercamiento y experiencia que has compartido conmigo?

Jorge acepta. De regreso al hotel, nuestro tema gira en torno a los estabilistas y a lo que me comentó Don Max.

Jorge, con la prudencia que le caracteriza, me confía:

—Vicente, no creas que los estabilistas son los enemigos de todo esto. Si permites mi punto de vista, es que son personas temerosas al cambio y que no se han dado la oportunidad de conocer las herramientas.

Sorprendido, escucho su percepción, pues a decir verdad, nadie me había dicho que son los malos de la novela; simplemente los concebí como los enemigos. Me agrada muchísimo la iniciativa de ser compasivo hacia estas personas.

Jorge sigue compartiéndome su punto de vista, y cómo él ahora tiene grandes amigos que en el pasado fueron estabilistas cuando se comenzó a implementar la Matriz de Valor. Es muy claro al decirme que sí existe la oportunidad de que los estabilistas se sumen al proceso de mejora, pero si en definitiva la persona no quiere, no insisten más, es su decisión. Me hace lógico.

Y complemento el comentario de Jorge con el viejo proverbio: "Si quieres, yo te enseño; si no quieres, yo tampoco".

De hecho, me ofrece que en un segundo viaje podrá contactarme con algunos estabilistas transformados para conocer su percepción y punto de vista, lo cual no me desagrada en absoluto.

Llegamos al hotel, me despido de Jorge y acordamos vernos para cenar a las 8:30 p.m.

Me dirijo a mi cuarto, y al entrar, para mi sorpresa encuentro un recado de la recepción del hotel que dice:

"Sr. Vicente, su compañero de trabajo, Rodolfo Escobar, se encuentra en la habitación 315. Agradecemos que se comunique con él a su regreso. Gracias".

"En la habitación 315", vuelvo a leer, sorprendido. Rodolfo Escobar, ¿en Ciudad Valor?

Me dirijo al baño a lavarme la cara, con un lío total en mi mente. ¿Qué pasará ahora que Rodolfo está en Ciudad Valor? ¿Cuál será su intención, el será un estabilista?

Al llegar al lavabo encuentro mi celular, que había dejado cargando, y al revisarlo encuentro llamadas de Rodolfo, de Ernesto, de Paty... ¿Qué estaría pasando en mi ausencia? Y eso que sólo fue en la mañana en que no traje conmigo el celular.

Lavo mi cara, tomo un poco de agua y decido continuar con mis planes de trabajo; ya habrá tiempo de comunicarme con Rodolfo.

Y después de veinte minutos de estar trabajando arduamente en mi reportaje, suena el teléfono de mi habitación. Me dirijo a contestar:

—¿Bueno..?

## Capítulo XIX
## El encuentro con Rodolfo Escobar

Del otro lado de la línea, escucho la característica voz de Rodolfo:

—Hola, muchacho, ¿dónde te metes? De no ser porque pregunté en recepción por ti, no estaríamos teniendo esta conversación.

—Hola, Rodolfo —respondo apenado—. Me disculpo, sí vi los recados, pero tomé la decisión de llamarte hasta más tarde. Quería ya dejar casi terminado el reportaje antes de ir a cenar con mi buen amigo.

—Ok., no te preocupes. Debo admitir que, desde mi llegada a esta ciudad, estoy realmente sorprendido.

—¡Tú sorprendido? —exclamo sin poder contenerme—, si ni siquiera apoyaste que yo viniera para acá...

—Ay, muchacho —interrumpe—. Tienes toda la razón, pero tenía que disimular, pues si no actuaba de esa manera, ni tú ni yo estaríamos en estos momentos por aquí.

—¡¿Qué dices?!

No aguanto más la incertidumbre: —¿Sabes qué Rodolfo? Es hora de vernos, pues con la información que me acabas de dar, puede cambiar mucho el tono de mi reportaje.

—¿Entiendes la insistencia por contactarte? ¿Te parece si nos vemos en 15 minutos?.

—Me parece perfecto, así me das tiempo de llamar a Ernesto y decirle que ya finalicé mi estadía aquí, y que mañana estaré de regreso en la editorial.

Rodolfo guarda unos segundos de silencio, suspira y lentamente dice:

—Vicente, ya no es necesario que te reportes con Ernesto. Él ya no trabaja en la editorial...

—Nos vemos ahora en el bar —lo interrumpo y termino la llamada.

Unos minutos después, en una de las mesitas del cálido bar, veo llegar a Rodolfo, quien irradia dinamismo, energía y una pasión que jamás en los años que he trabajado en la editorial le había visto.

Me saluda amablemente, como es característico, y abruptamente le digo:

—Rodolfo, ¿puedes ir al grano y decirme qué está pasando? La última comunicación que tuve con Ernesto fue ayer.

—Todo estaba bien hasta esta mañana, cuando él mismo renunció a la editorial.

—Pero ¿por qué? ¿Qué hay detrás de esto? No entiendo, estoy confundido.

Y con toda la tranquilidad, Rodolfo me mira fijamente a los ojos.

—Vicente, lamentablemente Ernesto era un estabilista encubierto.

—¡¿Queeeee?!

—En efecto, yo desde hace unos meses tenía mis sospechas, pero el día en que mencionaste la ciudad, muchas de mis hipótesis se confirmaron.

—¡¿Ernesto, un estabilista?! —pregunto con asombro y desconcierto.

—Hablas con mucha naturalidad de los estabilistas —Rodolfo dice extrañado—, ¿qué sabes de ellos?

—Bastante, te olvidas de que soy un buen reportero, pero creo que ahora lo importante es Ernesto.

—De hecho, muchos en la editorial pensamos que se sintió bastante presionado y cercado, por eso su insistencia de saber con quién te entrevistarías.

—Pero, ¿eso que tiene que ver?

—Bastante, Vicente. Ernesto era un ciudadano que salió de Ciudad Valor, una persona que se opuso al cambio en la ciudad desde los inicios.

—Ah, voy entendiendo —. Rodolfo me explica poco a poco como fue la historia de Ernesto; de hecho, yo no paro de tomar notas, pues mucha de esta información en su momento me permitirá hacer un reportaje sobre esta corriente.

No sé cuánto tiempo pasamos hablando, pero cuando miro el reloj son las 6:45 p.m.

—Oye Rodolfo, ¿y el Sr. Rojas? Antes de venir para acá me hizo una llamada misteriosa, advirtiéndome ciertas cosas, y jamás volví a tener contacto con él. ¿También un estabilista?

—¡No, no, para nada! —suelta una larga carcajada. —Él es una persona que todo el tiempo, sin que tú te dieras cuenta, te estuvo protegiendo y facilitó mucho que ahora estemos sentados aquí los dos.

—Pero, ¿por qué no se volvió a comunicar conmigo por ningún medio?

—La verdad no lo sé, pero lo que sí sé es que estuvo enteramente enfocado y dedicado a facilitar y mantenerte en Ciudad Valor, pues las cosas se pusieron feas cuando algunas personas del consejo se enteraron de que tú andabas por acá.

—Pero, ¿por qué feas?, si estoy haciendo mi...

No termino de decir "trabajo" cuando yo mismo saco mis conclusiones, y agradezco infinitamente que haya podido terminar el reportaje.

—Pero no te preocupes —agrega—, como él te lo dijo el día que apoyó que tú vinieras para acá, el editará el reportaje. Mañana sin problema le preguntarás todas las dudas que tengas.

—Me parece muy bien.

Así seguimos platicando hasta las 8:25 p.m. cuando, al voltear hacia la entrada del bar, veo aparecer a Jorge, y lo llamo.

Muy emocionado lo presento con Rodolfo. Platicamos animadamente y nos ponemos al tanto de todo lo que ha pasado en la editorial en mi ausencia. Rodolfo está animado y su charla con Jorge es buenísima, ¡qué maravilla!

Faltan cinco minutos para las 9:00 p.m. cuando Jorge nos invita:

—Creo que se está haciendo tarde, y es tiempo de cenar. ¿Les parece bien si vamos a cenar al lugar que tengo pensado, para cerrar con broche de oro esta aventura?

—Sí, adelante —respondo emocionado, pues casi no he comido por estar en la conversación con Rodolfo.

—Muchachos —declina Rodolfo—, yo se les agradezco, pero estoy un poco cansado y como mañana volaremos temprano, prefiero quedarme a descansar. Jorge, de verdad agradezco tu compañía y el grato momento que me hiciste pasar.

"Hago el compromiso de estar pronto por acá. Sé que la información que ha obtenido Vicente tendrá gran impacto y trascendencia en muchas personas, por lo que pronto estaremos de nuevo en contacto.

Y después de un abrazo cálido, Jorge y yo nos dirigimos al restaurante para ir a cenar.

Durante el camino le relato lo sorprendido que me siento por los acontecimientos de las últimas horas. Él simplemente ríe y me escucha.

Tardamos como 15 minutos en llegar al lugar donde cenaremos por última vez juntos. El restaurante es espectacular, la ambientación y comida son estilo argentino. Para mí es un halago, pues Jorge recuerda mi fascinación por los buenos cortes.

Llega la carta, la explicación de las especialidades de la casa y, como en todo buen restaurante, el ritual del mesero al abrir el fino vino tinto que hemos decido tomar. Con un rico maridaje del vino y un *carpaccio* de salmón iniciamos una agradable velada, que se prolonga hasta media noche.

Jorge, con toda la amabilidad que ha tenido para conmigo durante el viaje, me regresa al hotel y le agradezco infinitamente todas las atenciones y oportunidades que me ha brindado.

En el lobby del hotel hacemos el compromiso de volvernos a ver pronto. Así, con un fuerte abrazo, nos despedimos.

Lo acompaño a la salida del hotel, espero a que suba a su coche y emprendo mi camino a la habitación, pues de verdad que ha sido un día lleno de emociones.

Camino al elevador que me llevará a la cómoda y acogedora habitación, escucho a lo lejos:

—¡Vicente, espera..!

## Capítulo XX
## El obsequio

Para mi sorpresa, es Jorge. Me detengo antes de tomar el elevador.

—Mira, al subir al coche, recordé que Ana envió a mi oficina este obsequio para ti, es de parte suya y de Gustavo.

Tomo en mis manos una hermosa y sobria caja de papel caple adornada con un moño rojo de fino listón. La calidad de listón del moño destaca con singular elegancia y sobriedad el obsequio.

Agradezco a Jorge el detalle, y le digo que el día de mañana, a mi llegada a Nueva York, les hablaré a Ana y a Gustavo para darles las gracias.

De nuevo nos despedimos y ahora sí, tomo el elevador hacia mi habitación.

Dejo junto a mi equipaje la caja adornada y me dispongo a descansar.

## Capítulo XXI
## Una bella sorpresa

Como siempre que se toma un vuelo matutino, despierto temprano pero con tiempo justo, ya que la noche anterior dormí hasta tarde.

En el lobby del hotel me encuentro con Rodolfo, quien ante mi demora se encarga de cerrar la cuenta, lo que a juzgar por sus comentarios de sorpresa es igual de rápido que cuando yo me registré.

Abordamos un taxi que nos lleva al aeropuerto. Durante el camino platicamos con el taxista y, como buenos reporteros, seguimos haciendo preguntas y sobre todo recogiendo el punto de vista de una persona más.

Llegamos al aeropuerto, registramos nuestra salida, eficientemente, por supuesto, y nos disponemos a esperar la indicación para abordar el avión que nos llevará de regreso.

Dan la instrucción de abordar. Como no compramos los boletos juntos, a Rodolfo le toca el asiento 4 y a mí el 14B.

Cuando despega el avión y todo está en orden en el aire, saco el obsequio que Jorge, a nombre de Ana y Gustavo, me dio la noche anterior.

Deslizo el listón y la caja rápidamente queda al descubierto. La abro y en mis manos tengo un libro y unas monedas.

¡Sí! Un libro titulado *El Prodigio*, escrito por Ana María Godínez y Gustavo Hernández y las monedas, son prodigios reales.

—¡¿Qué?!

Mi exclamación atrae las miradas intrigadas de varios pasajeros. No hago más que disfrutar el momento y reírme de mi mismo.

Abro el libro. Encuentro una dedicatoria para mí, escrita de puño y letra por Gustavo y Ana.

Me encanta la dedicatoria: es algo que trasciende y me marca fuertemente. Por eso la comparto contigo...

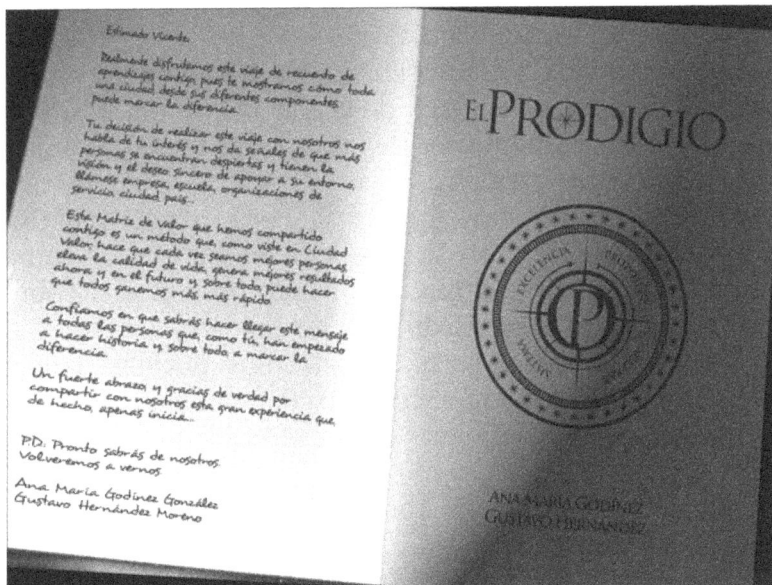

Estimado Vicente:

Realmente disfrutamos este viaje de recuento de aprendizajes contigo, pues te mostramos cómo toda una ciudad, desde sus diferentes componentes, puede marcar la diferencia.

Tu decisión de realizar este viaje con nosotros nos habla de tu interés y nos da señales de que más personas se encuentran despiertas y tienen la visión y el deseo sincero de apoyar a su entorno, llámese empresa, escuela, organizaciones de servicio, ciudad, país...

Esta Matriz de Valor que hemos compartido contigo es un método que, como viste en Ciudad Valor, hace que cada vez seamos mejores personas, eleva la calidad de vida, genera mejores resultados ahora y en el futuro y, sobre todo, puede hacer que todos ganemos más, más rápido.

Confiamos en que sabrás hacer llegar este mensaje a todas las personas que, como tú, han empezado a hacer historia y, sobre todo, a marcar la diferencia.

Un fuerte abrazo, y gracias de verdad por compartir con nosotros esta gran experiencia que, de hecho, apenas inicia...

P.D.: Pronto sabrás de nosotros.
Volveremos a vernos.

Ana María Godínez González
Gustavo Hernández Moreno

*"Si crees que puedes, estás en lo cierto. Si crees que no puedes, también lo estás".*

Fin

## Los Autores

**Gustavo Hernández**, Ingeniero Industrial, Master en Dirección Estratégica y Gestión de la Innovación, Experto en Solución de Problemas, Diseño de Trabajo Eficiente, Negocios Internacionales y Liderazgo; así mismo Inventor, Empresario, Escritor, Fotógrafo y Productor. Fue Director General de una reconocida compañía de la Industria Automotriz, cuyas ventas anuales superaron los $100 millones de dólares. A sus logros se suman la creación de diversas empresas basadas en diferenciación.

**Ana María Godínez**, Psicóloga, Empresaria, Escritora, Conferencista, Master en Dirección Estratégica y Gestión de la Innovación; Experta en Grupos Operativos, Entrenamiento Dinámico, Liderazgo y Ventas, especializada en Procesos Organizacionales y de Negociación. Ha implementado exitosamente nuevas perspectivas en Competitividad, Liderazgo, Ventas, Estrategia y Excelencia, generando un gran poder de transformación dentro de las organizaciones, además, es reconocida por sus "video-entrenamientos" que, mes a mes, llegan a miles de personas en toda América.

**Juntos**, se han dedicado al descubrimiento y puesta en práctica a nivel internacional de diversas alternativas y métodos que permiten a las personas expandir sus capacidades al máximo, para crear y desarrollar gobiernos, empresas y organizaciones eficientes, exitosas y altamente competitivas, generadores de abundancia y bienestar para todos los seres humanos.

# Recursos Adicionales

Hemos desarrollado el sistema de El Prodigio para que se convierta en una comunidad de conocimiento abierto a nivel mundial, con el objetivo de tener cada vez mas tiempo de valor agregado, generando bienestar y abundancia constante para nuestras sociedades y planeta, mediante la eliminación del *desperdicio* y lo que *no transforma* nuestros productos o servicios.

Sabemos que esto será parte de un cambio de era, y por esto es que dentro de la página de El Prodigio encontrarás un sinnúmero de herramientas y regalos originales, además de todo el conocimiento que las personas de la comunidad día a día suben para usarse adecuadamente para el logro de tus objetivos. Explóralas y úsala a máximo y comienza a beneficiarte de inmediato.

## www.elprodigioww.com

Nosotros te podemos sugerir una serie de recursos específicos para tus necesidades, basados en nuestra experiencia y resultados. Para contactarnos directamente lo puedes hacer mediante:

## ana@ignius.com.mx
## gustavo@ignius.com.mx

Para asistir a los talleres de El Prodigio no olvides darte de alta en nuestra base de datos y consultar nuestra página de internet.

---

Si encontraste este libro valioso, por favor haznoslo saber colocando 5 estrellas y tu comentario o testimonio en **www.amazon.com** o bien enviandonos un correo electrónico a: **testimonios@elprodigioww.com**

## Acerca de Ignius Business Innovation

Ignius Business Innovation es una empresa de consultoría boutique creada por Ana María Godínez y Gustavo Hernandez con el objetivo de generar valor a las personas, organizaciones y empresas de todo el mundo a través de la reducción del tiempo y el esfuerzo empleados en sus actividades y procesos, con la finalidad de mejorar su resultados actuales y en el futuro, haciendo todo esto de la mejor manera para enriquecer la experiencia de Ser Humano.

Desde su fundación, ha colaborado en el rediseño e implementacion de procesos de mejora y diferenciación, que se reflejan sus resultados en millones de dólares de ahorro y utilidad para las organizaciones y su entorno.

Su ideología, integración de herramientas, forma de trabajo y métodos propios han demostrado dar grandes beneficios en los mas diversos giros organizacionales y en diferentes culturas del mundo, además de generar empresas hermanas que llevan en sus genes y operan los principios básicos de excelencia que comparten con gran éxito.

Para conocer mas de Ignius te invitamos a consultar:

**www.ignius.com.mx**

**ignius**®
businessinnovation

## Solicitud de Información

Por favor envíenme información acerca de:

☐ Próximos talleres y eventos de El Prodigio.

☐ Adquisición de libros y materiales de El Prodigio.

☐ Adquisición de diversos materiales (libros, DVD´s, programas, etc) de Ana María y Gustavo.

☐ Servicios especializados de asesoría.

Nombre: _____

Compañía: _____

Teléfono: _____ (_____) _____

Dirección: _____

Ciudad: _____ Estado: _____

C.P.: _____ País: _____

Notas adicionales: _____

_____

_____

Para recibir la información señalada, favor de enviar este formlario por fax a: **+52 (477) 773-0005**, o bien usa nuestro formulario electrónico disponible en nuestra página: **www.elprodigioww.com**

www.ingramcontent.com/pod-product-compliance
Lightning Source LLC
Chambersburg PA
CBHW031954190326
41520CB00007B/239